suncolor

suncolor

致富強心臟

亞洲指標性賽事紅龍盃冠軍
吳紹綱 Raymond Wu

suncolor
三采文化

目錄
contents

Chapter 2

跳脫「我沒錢」的困局——金錢的囚徒

Chapter 3

跳脫「我無法」的困局——大腦的囚徒

Foreword

超過十年的見證：揭密職業賭徒的致勝因子

——職業德州撲克玩家 Ryan Wu 吳冠宏

剛收到本書的初稿，便花了一個小時一口氣看完。Raymond 算是我人生中第一位教我賺錢的人，而剛剛這一個小時，又扎實地讓我複習一遍過去十三年從他身上學到的各種人生攻略。他把所有祕密都留在這兒了，毫無保留。

正打算開始閱讀此書的朋友，恭喜你……

在你眼前的這本書，是一本「真」的書。

「真」在哪裡？

1. 這是一本說出真相的書。

作者沒有打算取悅你；他沒有為了取得多數人的認同，寫出各種「政治正確」的中立觀念。他冒著被讀者討厭的風險，真實地分享了那些幫助他致富的非主流觀念。還記得 Raymond 在寫這本書的過程中，一次他跟我說：「我在想我應該要說得多直接才好，不確定大家看了反應會怎麼樣？但我始終覺得，直接一點應該對想改變的人比較有效！」看來最後他選擇了有效的方法。

2. 這不是東拼西湊的成功學理論，或是小打小鬧的理財建議。而是貨真價實的致富故事。

隨著社群行銷的盛行，現今網路上根本不缺各種成功學雞湯式的內容。隨手一搜，各種理財、致富、成功的文章影片多如牛毛。這類內容最大的問題是，許多創作者自己其實沒什麼結果，純粹為了取得流量，就從網路上各種抄襲搬運，搞得最後，寫的人跟看的人都賺不到錢。

而本書恰恰相反。

在我認識 Raymond 的這十幾年過程中，他對「名」的追求不大感興趣，但對賺錢這門學問著迷的程度接近瘋狂。他是位扎扎實實的實戰家，一直以來他都是位講求做事勝過理論的人。做不到的事他不會說；說出來的話，必定經過反覆實戰。因此，本書不只教你畫大餅，你還能看到他如何一步步揉出這個大麵團。

職業賭徒寫的書，有什麼不一樣？

在跟 Raymond 共事的這幾年，我發現他有一項特異功能。每當進入一個新的領域，無論是撲克、運動還是加密貨幣操作，他總是能比其他人更快得到更好的結果。根據我的觀察，祕訣是由三個關鍵因子組成：

「超快速的行動力＋鐵一般的強壯心態＋特殊的思維範式」

1. 超快速的行動力

一般人遇到問題或是不確定的局面時，預設行為都是「我先想想看」，然而這一想下去，下次行動可能已經不知道是何時了。而過去十多年撲克的高壓反射訓練，讓 Raymond 早已習慣凡事都根據當下有限的資源快速行動。因為他知道等待最佳局面不是有效策略，持續作戰才是前進的方法。每次我們討論什麼新玩法，他總是說：「反正我們就先試試看嘛！」

2. 鐵一般的強壯心態

正如書中提到，他過去有過各種大大小小的下風期，甚至數度破產。你說一個職業玩家怎麼會搞得這樣？其實這正是超快速行動力帶來的副作用。雖說總是做出正期望值的動作，長期而言幾乎是必勝。但短期而言，大量新的嘗試，帶來的就是各種不確定性。

對一般人而言，這種波動是痛苦的。對 Raymond 而言，這些波動都是養分。我行動得越快，我得到的經驗越多！只要心態撐得住，什麼結果我都不怕！

這就是為什麼他說「我的輸，都是贏。」這可不是阿 Q 式的自我精神勝利法，他說的贏，是真的贏了。

3. 特殊的思維範式

有了以上兩點，若不搭配第三點，Raymond 的故事不會如此精彩。「他有一把特別的刀，總是能用奇怪的角度處理問題。」

第 3 章的一個標題，道盡了本書的一切——「人生就是賭」。

「賭」這個概念，貫穿了吳紹綱的整個人生。

然而這個「賭」，與一般人眼中的投機、危險、充滿不確定性，可能恰恰相反。在一位職業賭徒的眼中，正是因為一切都是賽局，所以一切都在掌握之中。

在賽局理論中，我們每天在處理的問題就是：

玩家有誰？

有哪些策略可以選？

不同的策略碰撞後，會跑出哪些結果？

當一切定義清楚後，剩下的只有期望值的計算與策略執行了。

一般人在處理問題時，常常以經驗、習慣、別人怎麼說，作為判斷依據。而 Raymond 這把刀的獨特之處在於面對問題時，他總是以數學做基底，從本質出發做思考。正是因為這種近似於第一性原理思考的處理原則，讓他可以很輕易跳出「我應該」的固化思維。

當你對你的刀有信心，旁人無謂的評論就再也不重要。

當這把刀用得熟練，行動就能越來越快速。

當你每次都能用這把刀來切割問題，何來不確定之有？

其實這次 Raymond 出書，因為跟我的各種行程卡到，本來是無法抽出時間寫推薦文的。但在我看完本書後，我找到了不得不推薦的理由。

我時常在我的 Podcast 分享我篩選出來的好書或各種學習資源。聽眾朋友總是很好奇地問我：「你是怎麼篩選出這些優質資訊？」

我的方法很簡單：「你不只要看他說什麼，還要看他做什麼。」

我在推薦一本書、一門課、一位老師之前，會花很大的力氣在網路上搜索、觀察、了解關於他的一切。

因為我要知道他是否真的透過他所說的方法得到了成果？他走的是否為正道？他是否是位言行一致的人？

某種程度上，我跟 Raymond 可以說是「共事」了十多年的時間，從工作到生活，我們幾乎交流所有的事。經過這些日子以來我在他身邊的觀摩學習，我可以說，他真正是一位言行一致的好老師。所以這也是我第一次能夠對一本書、一個人掛百分之百的保證。這是一本我會希望身邊的朋友都能看到的好書。

致富心態跟保持身體健康一樣，不能三天打魚兩天曬網。把本書放在案頭，時時提醒自己。相信不久後，你也能擁有一顆致富強心臟。（聽說他寫完書後意猶未盡，還有很多更露骨直接的話想跟大家分享。有興趣的讀者朋友，不妨在讀畢後來我的頻道，聽聽我們兩個怎麼聊出更多「致富強心臟」。）

Ryan Wu

Podcast / YouTube：一人公司實戰手冊

Foreword

撲克與投資上的微妙共通 理性數字做為判斷關鍵

——升鴻投資版主 胡升鴻

看完本書心中浮出的第一個感想就是「天道酬勤」。外人通常只會看到光鮮亮麗的那一面，卻往往忽略成功人士背後付出常人遠遠不及的努力。

文中記述作者從學生時代到最後闖出一片天的心路歷程，也交代了各個階段的經濟狀況、內心世界、心態成長以及對人生的體悟，以撲克的心得貫穿全文，悟出許多的人生哲理。就像許多投資人能將投資所學融合在生活的點點滴滴中，所有的觀念相輔相成，不管用在牌桌、投資甚至生活，這將會帶給許多還在牌桌上努力的後輩非常有價值的經驗跟幫助，也為在其他領域努力發展的年輕人建立許多值得學習的典範。

文中有幾個讓我印象深刻的觀點跟想法，作者花三百萬學一堂兩小時的課也給了我很大的啟發。佩服作者用價值投資的視角去看事情，並簡單保守估算出花錢上課的期望值，這正是在牌桌上大家追求的正ＥＶ。學會用這樣的方式思考事情，絕對能幫助生活中的許多決策更輕鬆、更理性！

我自己跟作者有很多相似之處，但也還是有不一樣的地方。

我自認是個物質慾望非常低的人，這點對我在股票市場的心理素質有非常大的幫助，可以很輕易地在股市內做到不把錢當錢看非常有幫助，輸輸贏贏就是數字的跳動，只要確保每個動作、所有出手都是在正

EV的情況下運作。作者與我不同的是，他不避諱提到自己從小到大對金錢的渴望，雖然是幫助作者努力追求財富的動力，但在如此看重金錢的情況下，更突顯出作者還能克制住內心貪婪與恐懼的心魔，是多麼難能可貴、是擁有多麼強大的心理素質！

牌桌與投資看似衝突，實際上卻相輔相成，有太多微妙的共同之處，都是用最理性的數字來做判斷依據，作者將這些智慧靈活運用，融入生活、拳擊、健身、學日文，還有投資上。賭場上的智慧不會只能用在賭場，它能幫助我們用更理智的方式過生活，用更客觀的角度看事情，在牌桌上的訓練更容易對身邊的人換位思考，去顧慮到每個人的難處與心情。

我相信這本書不管對在牌桌上討生活的職業玩家，或是一般在生活、職場中感到茫然的人都能提供非常多的啟發跟幫助。融會貫通這些作者的智慧，不僅能在牌桌上更上層樓，在投資上也將會更得心應手。其中提到花一點錢去上課，買別人一輩子的智慧結晶是非常值得的投資，買書往往卻又是比上課更便宜、CP值更高的方式，可以學到作者畢生領悟出的精華，絕對是本值得一讀的好書。

Prologue

拚命工作用力玩
Work hard, play hard.

朋友都以為我只會享受到處玩，其實我工作時比誰都投入。

Work hard, play hard.

唯有追求極致才能卓越，體驗才能盡興。

三十五歲生日那天，我實現了大學時期的夢想——成為阿提哈德航空（Etihad Airways）A380客機頭等艙的VIP。那是一個有門、有客廳、有床的獨立空間，就像是飯店套房一樣，除了有私人管家貼身服務、無限量供應的魚子醬，還可以在飛機上洗澡……眼前的一切比想像中頂級好幾倍，我興奮到捨不得睡，就像飛機上的晚安卡寫的：

You know you're in love, when you can't fall asleep because reality is finally better than your dreams.

—Dr. Seuss(writer, poet and cartoonist)

當你無法入睡，你知道你戀愛了，

因為現實終究比夢想更美。

這段話徹底寫出我當下的內心感受——不單只是頭等艙裡的尊榮享受，更是如願以償的成就感。

記得我還是個大學生時，看到阿提哈德航空的頭等艙廣告，心動卻無法行動。因為當時根本不可能負擔得起，但是我告訴自己總有一天一定要飛一次；十五年後，我真的辦到了。雖然對企業大老闆來說可能是家常便飯，沒有什麼好驚豔，但是對我而言卻是踏出一大步。

而且這段頭等艙航程，只是中東旅行的句點，在過去二十四天旅程，我和太太去了阿拉伯聯合酋長國的首都阿布達比、經濟中心杜拜以及阿曼王國首府馬斯喀特，我們在沙漠中享用兩人專屬的星空晚餐、住進帆船飯店俯瞰整個杜拜市景、在全球最高的哈里發塔（Burj Khalifa）欣賞跨年煙火……整趟旅程並沒有刻意限制預算，只要是能製造難忘回憶的活動或體驗，都值得嘗試，畢竟回憶無價。

不靠爸的富二代，曾是全班最窮的人

你一定認為，Raymond 肯定是個靠爸的富二代，出手才能如此大手筆。沒錯，我確實有個事業有成的父親，但是家裡的金錢援助，並不是要什麼有什麼，爸媽也只供應我到大學畢業。從小，爸媽就告訴我，要什麼就自己去賺；如今我所享受的財富自由，每一分每一毫都是靠自己賺來的。富爸爸給我的不是錢，而是給我人生選擇權的自由、信任和支持，讓我在德州撲克裡盡情發揮。如果非要講父親給我的財富，那就是不讓我為所欲為。

十一歲那年，小學五年級的我被送到美國讀書，從小學到中學，我念的都是貴族學校，同學的父母不是名醫、大律師，就是上市公司老闆，每個人都有顯赫家世。而我父親經營一間室內設計公司，為了我和弟弟的留學支出，幾乎用盡所有家產，所以他從一開始就告訴我：「你跟同學不一樣，不要跟同學比。」

我一直是班上最窮的學生。週末的時候，和學生一起去 mall 玩，老師會發給每人一個信封袋，裡面是家長給的零用錢。別人都是好幾百塊的美金，我只有二十美元，吃個飯、買件T恤就沒了。那時候我常常四處跟同學蹭飯，他們也常請客或買東西送我，雖然從來沒有因為沒錢而被看輕，但就是有種不如人的自卑感。

在美國那些年，爸媽只提供我基本的生活開銷，不該有的東西絕對不給買，偏偏我想要的都是爸媽認為不應該享受的：打電動、看電影、旅行、車子配件。很多花費都得申請才有，我曾經為了買個電腦螢幕，跟爸爸越洋電話報告了四十分鐘，最後還不能說服他買我想要的型號。

「You're on your own.」（你得靠自己），我爸總是這麼說。這種用錢的不自由，在我心裡種下了賺錢種子，日後每一次的求不得，都讓心裡這棵賺錢樹越來越茁壯，從一百萬、一億……現在我的目標是十億。

說實在的，當年根本想不通這件事，就是一肚子不爽。多年之後，才終於明白爸爸的苦心，他不是不想給，而是想訓練我解決問題的能力以及財務管理的能力。他知道一旦給了之後，這個兒子就會一直來找他，不會自己去找方法。所以，我今天能有這樣的成績，爸媽的教育占了很大功勞。

最窮學生，最強生意腦

為了賺零用錢，我的生意頭腦動得特別快。剛開始靠著還不錯的語文能力，剛上大學時期就去當英文家教，但每個月賺三、四百美金根本不夠用；後來改做直銷賣保健品失敗了；想到星巴克、錄影帶店打工也沒被錄取，所以我做過一些不太正經的事……像是趁在台灣過完暑假回美國時，從機場買免稅菸，在學校便利商店停車場，一根、兩根偷偷轉賣給同學。

這些錢讓我享受一段優渥的學生生活，常常上夜店跑趴，做了很多瘋狂事。還好後來在電視上認識德州撲克，發現五十二張牌可以有各種不同的排列組合，遊戲規則雖然簡單，策略卻千變萬化，鬥智鬥勇更充滿挑戰，而且感覺可以賺很多錢。

為了在牌局上勝出，我不去夜店浪費時間，也不再動歪腦筋賺錢，開始拚命買書、看書、找教練，鑽研德州撲克，終於在二十歲賺到人生第一個一百萬。但是家人不相信打牌可以當飯吃，所以我下定決心，必須在兩、三年內，也就是在大學畢業前把自己培養成一個穩定的玩家。

於是，我跟時間賽跑，任何撲克以外的事情都不是事情。我可以兩、三個禮拜不出門，直接居家隔離二十天，每天只吃一個披薩，一天打牌十二小時以上；我更從牌桌上學會自律、耐性、策略、風險管理，讓自己從喜歡頂嘴、罵人、打架的憤怒少年變成冷靜理性的職業選手。

二十一歲賺到兩百萬，二十四歲打進歐洲撲克巡迴賽（EPT）第七名；二〇一〇年率領中華台北隊，拿下世界撲克大賽冠軍；成為世界最大的撲克公司 PokerStars 撲克之星大中華區代言人。十五年間周遊列國打比賽，已經拿下五個冠軍，如願累積了可觀的財富。不過現在我不太打現場比賽，而是轉往線上，成為 Poker Nomad 德州撲克電子游牧民族。簡單講，一邊旅行一邊打牌，一邊花錢一邊賺錢，全世界都是我的辦公室。

事業低潮，周遊列國

二〇一八年我的事業陷入大低潮，大環境的政策轉向，我也結束了代言工作；夏天時參加世界撲克大賽，打了十幾場，卻連最基本的錢圈[1]都沒進，頓時對這遊戲心灰意冷，決定暫停打牌，帶著太太四海為家四處探險，從旅行中累積新能量。

從小我就對海島情有獨鍾，一直夢想可以住在海邊，因此第一站去泰國普吉島——早上起來打泰拳、游泳，下午送太太去瑜伽課後到海邊喝啤酒，盡情享受人生。只是過去十二年，幾乎天天打牌，突然間不打了，心裡非常不踏實，才發現自己根本離不開撲克。旅途中，朋友推薦一個不錯的線上牌局，一時技癢小試身手，沒想到賺得比旅費還多，就這樣開啟了一邊玩一邊賺錢模式。

接下來的旅程，無論在澳洲大堡礁潛水、京都學泡咖啡、到布達佩斯大廚家品酒、跟泰國人家學做菜或是在柬埔寨吳哥窟、阿爾卑斯山谷小鎮、阿曼的懸崖飯店、馬爾地夫的私人島上……手機一開就是我的行動辦公室，每天二至四小時看時差開工，在泰國是吃完晚餐後，在阿姆斯特丹是早上起來，賺點旅費零用錢，沒想到竟然還可以月入百萬。

這種游牧生活實在太有趣了，我決定無限期行動，把台灣當成中轉站，直到新冠肺炎疫情，打斷了一邊玩一邊賺的游牧計畫。只好在家裡「居家隔離」打牌。

我拚命工作，更用力玩

朋友都以為我到處玩，只會享受，其實我是連旅行玩樂的時候都一邊賺錢，工作時比誰都投入。這些年，即使已經累積了上億資產，每天還是工作足足八小時，除了喝水上廁所，分分秒秒都專注在牌局上，一個禮拜最多放一天假。牌局好的時候，可以連續工作三個月不休假；不

1 德州撲克術語，多桌錦標賽中會隨著輸贏不斷淘汰、合併，直至最後一桌即為決賽。主辦單位會依照參賽人數劃定比例為錢圈（例如前五名），進入錢圈的選手方能贏得獎金。

打牌的時間，全都用來精進牌技，我甚至可以每天花六小時和ＡＩ對練，以求摸透所有牌局。

美國正在流行 mini retirement（小退休）——工作十一個月、退休一個月，盡情享受生活，回到崗位才有更強的賺錢動力。對此我非常有感——**Work hard, play hard.——全心投入工作，旅行的時候就玩到爽，唯有追求極致才能卓越，體驗才能盡興。**

看到這裡，你是不是覺得我在炫富？

我已經過了那年紀了，現在的我，只想分享自我實踐的方法，告訴你「勇敢做夢，才能美夢成真」。不過我確實有過超級暴發戶的行為——剛開始賺到錢時，曾把比賽獎金鋪滿整張床，人就在上面滾來滾去，完全模仿黑人饒舌歌手ＭＶ的畫面。

現在回想覺得好蠢好好笑，但這不就是一個人成長過程的痕跡嗎？可能會有許多人覺得可笑幼稚，但是我很光榮，因為這代表著我的改

變、**我的進化**；我還是有很多夢想，但應該不會那麼「土豪」了！有一天，我想要像貝克漢那樣包下凡爾賽宮，在沒有人打擾的情境下享受古典美學。

在擁有財富之前，我也曾經是個窮酸的鄉民。十五年來，我荒唐過、失敗過、挫折過，才在金錢遊戲的賭局中，鍛鍊出致勝心法，如願過上夢想生活。我很清楚這世界比我有錢的人多的是，我只是早一步種下夢想種子，用心灌溉，才會長出一棵賺錢樹。現在我想讓它變成一座森林，還想把賺錢的祕密告訴你，只要改變思維，採取行動，你也可以找到夢想中的自己。

來吧，一起種下成功的種子吧！

Chapter 1

跳脫我應該的困局

平庸的囚徒

別被所謂的「應該」困住

社會上有很多應該，
應該讀大學、有工作、坐辦公室上班；
應該在二十八歲結婚、生兩個小孩……
這些「應該」都是為了社會群體穩定而存在，
但對你真的好嗎？

德州撲克在美國是正當職業，很多人以此維生，甚至致富，但在台灣卻被視為賭博，因為它不正經、更不應該當成工作。就算這些年我已從中累積了可觀的財富，成為撲克牌名人，媽媽還是三不五時地要我「收山」。我想，如果當初不堅持、不鬧家庭革命，跳脫那些所謂的「應該」……我無法走這條不一樣的路。

大三那年，我靠德州撲克賺了許多錢，每個月八千到一萬五美元，差不多台幣二十四萬到四十五萬，而且是美國線上撲克。當時，我已經是個小有名氣的玩家，我很清楚這是個數學遊戲，不是單憑運氣，而是對期望值的掌握，我絕對可以成為職業選手、最厲害的玩家。不管怎樣，都要讓這件事情成功，我意志很堅決，不管家人怎樣說不應該，都要以此為業。

為了說服他們，我們也吵了很久。將近兩年的時間，每個週末都在溝通，我不斷說明為何要做這個選擇，希望家人了解德州撲克。為了讓媽媽安心，還帶著她去韓國看我比賽，認識工作人員、工作環境，讓她知道這是正規比賽，不是地下錢莊的賭博，但媽媽還是認為我被騙了，賺到的都是遊戲幣，不是真的錢。於是，我決定採取行動證明。

三萬美元現鈔，撒滿餐桌

弟弟高中畢業那天，我從南加州飛往舊金山參加他的畢業典禮，背包裡裝滿十元、二十元、五十元、一百元的美金紙鈔。在機場安檢時差點因此被懷疑是毒販，否則怎麼會帶那麼多散鈔，但其實這些錢全是我打牌賺來的。在阿姨家吃過晚飯後，我把背包裡的錢全部撒在餐桌上，三萬多美元，將近一百萬的台幣，要他們看這是真的錢，真金白銀，不是我媽想像的線上賭場遊戲幣。

從那時候開始，他們才相信我是真的賺了錢，反對我打牌的聲音才變得比較小。不過爸媽還是希望我走正常的路，好好念書，大學畢業乖乖上班賺錢，最好是醫師、律師、會計師這類高大上工作。但那個時候，我的牌技正在起飛，成績一直破紀錄，簡直就是被大學耽誤的德州撲克選手，賺錢都來不及了，還要文憑幹什麼。於是決定跟爸媽坦白：「我不讀了！」

這件事鬧得不可開交，爸媽和我為了大學畢業的好處、打牌的好處，你來我往，唇槍舌戰，到最後我爸說：「花了那麼多錢送你出國讀書，你一定要畢業。不然，絕不答應你走這行。」

最後，我決定讓步，完成爸媽的心願。

不是因為爸爸說大學畢業才能打撲克的限令，而是打德州撲克很辛苦，需要家人支持，我不想搞得家庭破碎，我是為了家庭和諧才妥協。學業事業很難兼顧，畢竟所有心思都在打牌上，哪還有美國時間去理學校的事（Sorry, mom and dad!）。基本上，也就是考前跟同學借筆記硬看個半小時，進教室晃一下，考個七十五低空飛過……老實說，到現在我還會做那種期中考還差幾分就要被當掉的噩夢……

說真的，現在要我回想當初大學是怎麼畢業的，我的記憶都非常模糊。只記得撐到在學校的最後一天，我收了行李就往賭場跑，連畢業典禮也沒參加，直接填單子叫學校把畢業證書寄給我媽。到今天，我都沒看過大學畢業證書的本尊，你說文憑真的「有用嗎？」

我能理解父母望子成龍的心情，也知道華人社會對打牌貼有負面標籤，任何父母都不會同意子女靠打牌來維生。別說我爸媽了，如果我的孩子在我不明就裡的情況下說要以此為業，我大概也會拒絕。但德州撲克明明就是合法、正當的智力運動，跟其他體育競技一樣，每年有大大小小的比賽，還有世界撲克錦標賽，體育頻道也會轉播，為什麼用分數計算輸贏就是運動，用籌碼、錢計分的撲克就是賭博？

所謂的應該，真的好嗎？

社會上有很多「應該」——「應該」讀到大學畢業、「應該」有可謀生的工作、坐辦公室上班、「應該」在二十八歲前結婚、生小孩、有了一個還要生第二個、老大和老二應該差三歲……這些全部都是「應該」。但是，這些所謂的應該，都是為了社會群體穩定發展而存在的基本框架，當多數人都這麼做時，社會就會安定發達，對國家發展是好的，但對你真的好嗎？

我想，對我就不好，我非常討厭這些「應該」，它不是個人最好的選擇，**如果一直活在「應該」的框架中，你會被綁架、會被困住**。我不能因為一個應該，放棄自己的夢想。有許多人，你問他為什麼結婚，他會回答：「不知道啊，就是年紀到了啊！」或是問他為什麼生小孩，他會回答：「不知道啊，結了婚不就要生小孩嗎？不然結婚幹麼？」結婚的理由從愛情變成年紀，生小孩的理由從想要變成不知道要幹麼所以生。不知道你是怎麼想，但是我如果做了決定，可以很確切地告訴你是「因為我想要」。我想我這輩子最大一次的妥協，就是大學文憑吧。

外婆生前時，只要看到我就會說：「Raymond 啊，你也做點正經事，阿嬤才會放心，每天賭來賭去好嗎？你快點找工作、去上班。」即使我最在乎的外婆這樣講，我還是堅定地走進撲克世界，在牌桌上找到成就、財富和理想生活。

走自己的路，才能與眾不同

多數人都把工作想成必須朝九晚五，必須坐在辦公室裡，必須待在一個地方定時定點上班……而我堅持走自己的路，選擇不一樣的職業和工作型態，一邊工作一邊玩。我原以為自己很特別，但在旅途中卻發現很多人也是如此，像是旅遊YouTuber、網路賣家、線上顧問、攝影師、潛水教練。他們環遊世界，手機跟筆電為工具，海灘的酒吧、小鎮裡的咖啡廳都是工作的辦公室。

我不只打破職業框架，以打撲克為生，在牌桌世界裡找到了成就、財富和理想生活，走出不一樣的路，還跳脫許多框架，比方婚姻、比方生小孩。

我跟女友在一起七年，兩人感情非常好，但是一直沒有非得馬上結婚的衝動。直到某一天，我夢見她因故去世，夢中的我悲痛萬分，完全無法平復自己，邊尖叫邊大哭地醒來，在那瞬間我便認定這輩子不能沒有她，也就開始我的求婚計畫——我刻意安排去羅馬，入住拿破崙三世的古堡，讓太太留下難忘回憶；只花了四百美元的手續費，在拉斯維加斯登記結婚，讓貓王分身當證婚人……就這樣把她給套牢。

婚禮不過是場show，請問這些從各方找來的親戚友人，你曾和他們講話超過十分鐘的人，有一半嗎？（我是指這輩子喔）。那些像演戲一樣的婚禮，只讓我感覺很彆扭。兩個人的幸福，不應該這樣被定義，更何況，婚禮只有一天，婚姻卻是一輩子，過好日子比什麼都重要。但是因為爸爸認為該辦，至少要邀請至親好友參加，為了不讓家人失望、基於對長輩的尊重，我們辦了個晚宴，但是長輩限定，所有平輩、堂表兄弟姐妹、朋友同事通通不請；沒有喜帖，只有一張邀請函，沒有任何儀式，也沒有白紗，純吃飯，給長輩一個交代。

至於化妝化到整張臉慘白，平時戴眼鏡卻突然摘下眼鏡，幾乎認不出是本人的婚紗照，我們也沒拍。我們選擇在旅行體驗世界的時候，請當地攝影師，跟著我們的腳步，拍下旅程的點點滴滴。現在回頭看這些照片都會有個感觸，這輩子真沒白活。

人生節奏，自己說了算

我認為一個男人最重要、最應該打拚的年紀是在二十五到三十五歲之間，如果三十歲前談戀愛，三十歲就結婚生小孩，哪來的時間賺錢？我自己就是利用這黃金時段打拚賺錢，完全不照什麼先成家後立業的順序走。

身邊有個朋友，愛情來得快也去得快，感情生活豐富，成果也很可觀，年紀輕輕就當了四次爸爸，還樂此不疲。但最近他突然有感而發地說：「這世界一切事物都可以停損，打牌也可以停損，只有生孩子真的無法停損。」原來，龐大的生活費、教育費……壓力山大，搞得他心情很不好。

為人父母的責任，到死才能放下——這是非常重大的決定，必須經過各種商量評估，在最佳狀態下發生。孩子，怎麼可以說生就生呢？很多人買個手機、買電腦都需要爬文、比價，搞上一、兩個月，為什麼生孩子這麼大的事情，卻可以衝動行事？這已經不是傳宗接代問題，而是自我管理。

曾經有一個實驗，讓被測試者跟其他四個互相串通好的人待在一個房間裡，一同看圖、說出圖上的顏色。前面五題，大家答案都一樣，但第六題才是實驗重點——明明是張白色的圖紙，已經串通好的四人卻斬釘截鐵地回答「綠色」，這時被測試的那一人即使知道答案有問題，也會懷疑是不是自己眼花，然後從眾地回答「綠色」。

根據實驗結果，有高達百分之八十的人會改變自己的答案，這就是人的本性——群居動物——不敢跟別人不一樣，為了獲得共鳴、安慰、肯定，傾向加入人多的一方，當信念不夠堅定時，就會被輕易動搖。

當初我是想清楚目標，才有追逐夢想的動力和堅定的勇氣，逃出那些不適合我的「應該」。**相信我，打破框架，跳出籠子，你不會被鯊魚**

吃掉，只是父母可能會氣你一陣子；人生的節奏，自己說了算，不應該屬於任何人，也沒有人可以說第二句話。不需要依循傳統路徑，要用適合自己的腳步，走出應該的圈子，走進世界。

想得夠大，也能當總統

「這樣就好」的觀念，只會導致平庸，
不論技術或財富累積都無法變卓越。
凡事都有可能，直到你自己認為不可能為止。

你用什麼訂定人生目標？職位？名氣？還是財富？我的人生目標是用資產累積來衡量，二十歲擁有一百萬、三十歲擁有一億、四十歲擁有十億；現在三十歲這關過了，離四十歲還差幾年，但落後得有點多，哈哈。所以現在每天還是要賺錢或是為賺錢做點事，畢竟人生沒有安全牌，THINK BIG 才有大結果。

從小，我就對錢特別感興趣。印象中，每次到媽媽公司看大人們工作，我都會偷偷問媽媽，那個會計一個月賺多少、這個人可以領多少、設計師是不是賺得比較多……每個看到的人我都要問。結果每個答案都讓我失望，怎麼那麼忙還賺那麼少；媽媽說，當醫生月入二十萬，賺很多，她希望我們兄弟倆都當醫生，我便一直以月入二十萬為目標。

後來打德州撲克，很輕鬆就達到這個數字。二十一歲那年，家人還不贊成我打德州撲克，也不相信打牌能賺錢，當時我誇下海口，可以賺一百萬。媽媽笑我「蕭郎練肖威」，根本是瘋子亂講話，還說如果我真的能賺到一百萬，她就再給我一百萬。最後這個賭注，我贏了。媽媽也很守信用，在我買第一間房子時付了一百萬的頭期款。同年夏天，我跟她說，今年我要賺一千萬，如果達成，妳付我五百萬就好，荷包才剛失血的她想當然耳是馬上拒絕。而那年，我賺入人生的第一個一千萬。

凡事皆有可能，直到你認為不可能為止

我也開始給自己的月收入訂下越來越高的目標，從月入二十萬、三十萬，喊到一個月賺一百萬。到了這個數字，原本覺得應該是封頂了，但轉戰大陸後，發現一百萬的幣值不是台幣，而是人民幣，得乘上四．八倍才對。這個目標在喊了幾個月之後，二〇一七年六月，我也開始參加一些私局，那一次連打十四天，半個月的時間，真的賺到一百萬人民幣，台幣四百八十萬，當場感動到開香檳慶祝。至今，這個目標已達標

多次，是不是該往月入千萬台幣前進了呢？

在這過程中，我發現一個祕密，就是要設定目標，大聲地告訴身邊朋友或家人，就會美夢成真。那是一種 psychological commitment（心理承諾），一旦喊了出來，沒做到會很丟臉。你會因為這個目標而去改變生活上的所有事，集中心力，避開失敗陷阱。所以目標不能只是想，還要寫出來、喊出來，讓大腦產生變化，這跟日商公司喜歡集合員工大聲喊出目標，減肥的人在臉書上記錄每日過程是同樣的道理。講出來就贏一半了，而且這個數字必須**以你的理想上限再加百分之五十**。不能原本月入五萬的人，突然喊個我要月入百萬，這樣失敗機率太高，只會有無窮的挫折感。如果月入五萬，那就從十萬開始喊吧！

就像收入一樣，所有數字都有可能，千萬不要自己設天花板，因為社會給的價值只是個平均值，這個平均值往往低於你的潛能，也會阻礙更多可能。

一個在澳門打牌的朋友，給自己設的目標是月入二十萬台幣，只要達到這個數字就收工放假。但其實他那時候的實力很有機會月入百萬，偏偏他如果月初就達標，他會直接開啟耍廢模式，等到隔月再開工。敢問，如果這個朋友沒有為自己的能力封頂，他是不是有可能月入百萬呢？他也因此停止進步，後來就被淘汰，連二十萬都達不到了。

在此奉勸各位朋友，如果你全心投入打德州撲克，目標是月入二十萬「就好」，那麻煩請左轉離開。這個行業，是要大幅改變當下的收入模式，不只是「增加月薪」僅此而已。請把目標放大一點，如果只是想要相對高的月薪，其他產業更合適。

「這樣就好」的觀念，只會導致平庸，不論技術或財富累積，都無法卓越；中庸付出導致中庸的結果，凡事都有可能，直到你自己認為不可能為止。

THINK BIG，才能贏者全拿

高中時，我又窮又廢，雖然念的是全美第一高中，但是成績卻是全學年倒數第二，我覺得讀書很沒意思，心裡只想著賺錢，找不到人生方向。但同寢室的室友成績非常好，是標準的資優生（我猜想學校是故意安排我們同房，好讓他感化我？）他常提醒我現在不用功，以後怎麼賺錢。我回問他，讀這個蘋果掉下來的速度可以賺錢嗎？讀這個三百年前發生的戰爭可以賺錢嗎？他回答我說將來可以考進史丹佛，成為有名的工程師，我很不服輸地說：「好啊，那你以後就來幫我工作吧！」我們相約以後看誰比較厲害、錢賺得多。

後來他考上康乃爾大學，成了電機工程師，在美國NASA做火箭；另一個室友成為生物學家，專門研究癌細胞。他們一定沒想到，當時數學最差的我，現在從事的工作，竟然是這樣注重數學的遊戲，而且賺得比他們多。

金錢只是數字，賺錢的樂趣在於定下不可能的目標、尋找策略，敢想就會有。《成就的時刻》這本書幫了我很多，不知道哪條路可以走，但God will guide the way（上帝會幫你找到那條路）。雖然我不是教友，但我相信只要設定目標，總有辦法。船到橋頭自然直，我會慢慢找到，邊做邊找到；但是因為人性會動搖，所以必須寫下目標、策略，設法提醒自己。

現在，我想請你暫時放下書，想一下你有什麼夢想，說出夢想的細節……

你的夢想是什麼？

想要買一台跑車？不如直接想像配好配滿的保時捷911 Turbo S；想帶老婆去威尼斯？不如直接想像要搭商務艙，全程VIP享受，安排米其林餐廳吃到膩；還是幫爸媽還清貸款？不如直接想像幫爸媽換間面對大安森林公園二十五樓高層，全景落地窗的一百五十坪豪宅。

有夢最美，但是既然做夢是免費的，那為何不做大一點的呢？

大事情不要跟小人物說，做了再說

想要達到頂峰，中庸會是最大的敵人。
但，創新的路不好走，
你不需要再增加外在壓力，接收負面能量。
建立完善心態，對自己的計畫有信心，做下去就對了。

「什麼？這把牌要這樣打？」我非常訝異地對德國教練說。

他回答：「是的，經過我跟 AI 數十億手牌的計算後，這個注碼絕對賺錢，因為全世界沒有幾個人知道怎麼去應對。」

我說：「但是，我從來沒看過有人這樣打，這個不合常理吧？」

他輕笑一聲說：「如果大家都這樣打的話，我們還是去做巧克力吧！」我的德國教練擁有一間巧克力工廠，是他某次贏牌後買下的，只因為自己愛吃。

某一年，我請了一位世界公認排名前五的德國玩家做私人教練。第一堂課，他就給我一個下馬威——一招我從沒想過，也沒看過有人這樣玩的技巧。這個絕招跟所有人理解的「正確」策略相差非常多，但是他用 AI 證明給我看長期一定獲利，只要敢用，成功機率很高。他說：「有人想出重金跟我買，我都不教。」把這絕招守得緊緊的。

因為太獨特，也不是百分之百必勝，一旦失敗勢必會招來對手的質疑和奚落，更別說會有金錢損失。當初教練在傳授我這個絕招時，我也曾疑惑過，但是透過數學運算，證明它會賺錢，便決定找機會用它。

終於在一次現場比賽，有了可以使用的機會，我很清楚若是失敗會很糗，但是因為知道這方法是對的，便決心要下這個注。我喊道：「五萬！」一邊注意自己的語調，一邊抑制呼吸的起伏幅度，要的就是讓對方看不出我在偷雞。不到兩秒，對方跟注了，剛好碰到他的大牌……這把我也就輸了。

「×的，第一次出手就失敗，這招到底行不行！」我壓抑著怒氣，當作一切沒發生。雖然對手們當下沒有說什麼，但是看他們後續的竊竊私語跟偷笑，想也知道他們心裡的ＯＳ——Raymond現在不會打牌了，他已經退流行了。

要做出違反習慣的舉動本來就不容易，因為人類大腦基因的表現是會重複去做「可以得到好的結果」的事。當一件原本就讓你質疑的事，做了之後的結果是失敗的話，你還會想再試一次嗎？如果又失敗的話呢？

德州撲克教會我一件事——**凡事看長期，忽略短期的結果**。我堅信數學，關掉我的任性開關後，至今已使用這個絕招不下兩千次（手寫記錄），成功率突破百分之八十，但明明理論上只有百分之四十的成功機率而已啊……這是否意味著，我找到了金礦。

不只是德州撲克，任何事如果想要達到頂峰，「中庸」將會是你最大的敵人。市面上有非常多做德州撲克教學的網站，看過後就會發現，這些教練教的內容百分之九十九都差不多；跑一場線下比賽，也會發現大家的打法跟思維都很像。我請問你，如果大家都差不多，為什麼有人可以有盈利？不就是實力均等，比誰今天的運氣好嗎？頂尖玩家的玩法在一般玩家的眼裡，只會覺得是瞎扯淡，但這些人不知道的是，這個看似白痴的一注反而是最厲害的頂尖策略。

跟周遭人一樣，終將註定平庸

當初選擇德州撲克做職業，也是面臨超強阻力。但我不管，只想著做了再說。直接做出成績、直接賺到錢，證明這條路可以走。只有做了才知道行不行，就算失敗了，經驗也是珍貴的。做下去才有機會對，不做，就只能等著錯。

有沒有發現，絕大多數人的想法都不夠超前、不夠突出；但超前的想法本來就很難獲得認同。舉個例子，之前我跟太太在執行間歇斷食（當時這麼做的人還不多），每天把進食時間控制在四到六小時內，藉以燃燒體脂肪，維持最佳體能狀況。我看了很多書，徹底研究，知道這是有科學根據——人類的原始狀態原本就是一天只吃一餐，白天狩獵，晚上才享受一天辛勞的成果，所謂的「一天營養在早餐」只是廠商的行銷觀念。而且，我還拿自己做實驗，身體各項數字確實越來越好。我是默默執行，但太太告訴朋友後立刻引來一堆反對意見，什麼超過斷食十二個小時對身體不好，這些都是旁人直覺的反應，沒有一點科學根據。

我常在想為什麼需要去問他人的意見？是想強化既有想法？害怕失敗避免掉坑？還是其實自己也不確定，需要有人說服你放棄……在我看來，無非是擔心自己判斷錯誤，想得到旁人的支持罷了。

我的想法是，所有創新的路都不好走，人生道路已經夠坎坷了，不需要再增加外在壓力，接收負面能量。那些**所謂的過來人經驗談，都是讓你少掉陷阱，少走歪路，但我覺得要掉就掉吧，不必閃來閃去。**

現在旁人給我建議，我都只聽聽當參考，不會當真理，以免動搖。如果你是個無法堅定的人，應該先把心態建立完善，對自己的計畫有信心。**做了才有機會對，但就算失敗——輸掉錢、輸了時間也值得，失敗會讓你賺到經驗和知識。**

如果你有個千萬生意的點子，千萬不要跟年薪百萬的人說。

沒投出的球，百分之百不會進籃

很多事情得試過才會知道，
不去接觸不去了解，當然無法得知實際狀況。
我也曾經因此受傷，即使如此也從中賺到經驗，
不再踩雷。

某次，有個看起來不錯但是有些疑慮的牌局，亞洲牌友二話不說就下場，老外牌友保持觀望（因為想弄清楚牌局裡到底有沒有大老闆、有沒有超級肉腳），最後他決定不打。而我在觀察兩個小時後，決定進場；一個月後，老外牌友還在繼續觀望，而我跟亞洲牌友早已收割完畢。

其實，當初從轉打短牌時，我也不知道會不會成功，但是我相信自己，在德州撲克打得很好，獲利穩定，轉戰短牌肯定有機會，所以直接放棄德州撲克，跳進了短牌圈。我的牌局人生，也因此走向新高峰。

短牌，是德州撲克的演變玩法，發源地可能是深圳或馬來西亞。近年來在大陸、菲律賓、馬來西亞、柬埔寨十分盛行。牌桌上的對手有退休教授、企業家、賭場老闆、電競選手，其中大陸人占八成以上，一把輸贏可以打到百萬人民幣，資金級別跟德州撲克差了N倍。加上短牌遊戲規則是抽掉四種花色的二、三、四、五，留下三十六張牌；牌變少後，輸贏更大更刺激，所以很多人覺得波動太大，靠運氣的成分太強。

但是在我深入研究後，確認它是非常有技術含量的遊戲。就像之前從德州撲克分支出來的奧馬哈，它是使用四張牌，大家也覺得是在比運氣，後來才發現要打好它，比玩德州撲克更難。

關鍵時間差，搶先才有賺頭

撲克遊戲追求資訊領先，時間非常重要。賺錢機會就在最前期，資訊不對等，大家都還在迷糊階段時，誰能早早進場便能吃到肉賺一波，晚了就是剩菜剩飯了。對岸的中國人很有開拓疆土的精神，看到機會就直接上，不怕失敗也不怕被人說什麼，有賺錢的機會立刻抓住、直接做，就算錯了，反而學得更快；但老外就很謹慎、精打細算，非要確定對手強弱，只要懷疑有人作弊，寧可不打，所以老外都是搶最後一批。而我是習慣計畫後再行動，心態上也受到影響，取兩者優點，在安全範圍內有更多勇氣和衝勁，大膽嘗試。

從事這一行，錢在這裡、老闆在這裡，我就必須過去。我什麼局都打，只要覺得夠大，值得投入時間就去，抱著看看、認識一下的心態去探個究竟。就如名言所說「沒投出的球，百分之百不會進籃」。

很多事情得試過才會知道，不入虎穴焉得虎子，不去接觸不去了解，就無法得知實際狀況。當然我也曾經因此受傷，進入作弊局，輸了一屁股，但是卻從中賺到很多經驗，學會敏銳看穿作弊局，日後就不會再踩雷。在外人看來，我好像要錢不要命，**其實我不是冒著生命危險去找某件事情，而是在安全邊界內，勇敢去闖、去探索，嘗試才能發現寶藏，說不定事實真相沒有那麼糟糕**。

因此，當其他人還在觀望時，我毅然決然轉戰短牌圈，不到一年時間，這個領域快速發展，當年最強的德州撲克選手才紛紛轉移陣地。但是這段時間差，我已經知道成功選手需要具備的條件，抓到致勝訣竅。

朋友形容，我是典型的「富貴險中求」。仔細想想，這種異於常人的冒險精神，應該是來自於我對錢抱有不可思議的渴望，願意為錢去做各種嘗試（賺錢的熱情在燃燒）。即使現在已經財富自由，還是以此為樂；另外，我的個性偏向喜歡追求刺激和新鮮感，應該也有很大關係。

一趟中東行，發現美國真夭壽

從小在美國讀書，長期受到美國文化影響，記得九一一事件當天一早就被舍監叫醒，全部的人擠在視聽室看被飛機撞上的世貿大樓，至今記憶猶新。之後的幾個月，學校時不時會做生化武器演習，大家戴著防毒面罩集合到體育館避難。也因為這樣，我曾經排斥穆斯林文化，覺得中東就是治安差，一堆恐怖分子，「穆斯林」就等於「危險」，但事實真的是這樣嗎？

二〇一九年底的中東行，讓我終於碰觸到一直陌生的阿拉伯文化，接觸後發現並非如此，查了一些相關數據，才知道像阿拉伯聯合大公國、阿曼、卡達……其實是全球治安排名最前面的資優生。但是美國媒體的報導，總讓大眾覺得整個中東就是亂。

我們開著車穿梭在阿曼的鄉下，四周都是沙漠沒什麼人，沿途很多看似剛被轟炸過傾倒的傳統建築，超多像美國新聞中賓拉登的藏匿住所，有點恐怖但很新鮮。跟當地人實際接觸後，我不但認識還愛上了伊斯蘭文化，興起想要走遍阿拉伯世界的念頭，也深深覺得美國真是夭壽，把人家黑成這個樣子，其實阿拉伯人超乾淨、超大方、超級 nice。

我很慚愧，一直活在美國文化的泡泡裡，覺得自己好像不認識這個世界。當下也決定，要再去更多地方了解更多文化，再也不要對任何區域或是民族先入為主。很多問題是政權與政權之間的糾葛，在走過這麼多國家與地方之後，我發現沒有哪個地方的人會特別不好，我們都是活在同一顆星球上。

我想，**在既有的思想、框架裡，生活不會有意外也不會太精彩；但如果可以開一扇門，也許可以發現很大的寶藏。**

Chapter 2

跳脫我沒錢的困局

金錢的囚徒

花三百萬學來的一堂課

當時我想，如果這是個騙局，我的損失就是三百萬，
如果學成了，就可以翻倍賺回，
如果我因此變強，往後要賺回這筆錢更不是難事。

你願意花多少錢投資自己，成為最強、最厲害的人？一個月？兩個月還是三個月薪水？我曾經咬牙掏出三百萬請教練，瞬間突破盲點，往最頂尖前進！

二〇一九年，我從德州撲克改打短牌——華人土豪圈最流行的牌局，遊戲過程非常刺激，深受許多老闆的喜愛。在這個圈子裡，小的級別上桌就要二十萬台幣，大的從一百萬到千萬都有，充滿了機會和挑戰。雖然只少了十六張牌，但是策略完全不一樣，市面上也沒任何教材，只能靠自己摸索，設法找出致勝之道。

正好有個朋友在線上玩短牌時，跟一個老外單挑，結果輸了一屁股，對方就問他要不要交流學習。聽到這件事後，我便透過朋友打聽這名老外，這才發現原來他是前兩年德州撲克的王者，現在已經轉戰短牌，在圈子赫赫有名（線上都是匿名）。

我想，如果能跟這麼頂尖的人學習，一定非常值得，便請朋友問對方。沒想到這人非常臭屁，直接回答：「我是可以教，但估計你付不起。十萬美金，一次付清，我教到你會，但你之後的牌局也要給我插花。」

十萬美元，打通任督二脈

十萬美元，等於三百萬台幣耶！你捨得嗎？

剛開始我捨不得，之前的教練都是以小時收費，德國教練的價碼是一小時四萬五千台幣，二十幾個小時的課花了我一百多萬已經是天價了，這個老外開價三百萬是怎樣？就算我已經累積不少財富，但除了房子、股票……從來沒買過這麼貴的東西，即使知道一定賺得回來，也很想投入，但是這個價格真的很難接受，所以決定先冷靜一天沉澱。

「你現在這樣不是很好嗎？不用冒這個風險吧，萬一被騙怎麼辦？」

我的媽媽這樣說，想當然她一定怕我受騙，反對冒險。但爸爸卻說如果想在這行發展，這筆錢就該花。而太太只問我：「確定他是最強、最厲害的教練嗎？他真的願意教你嗎？如果是，那麼接下來的收穫一定比這筆錢更多，我支持你！」

我決定放手一搏，線上跟對方簽了簡單合約後，先把十萬美元（三百萬台幣現鈔）拍照存證，提醒自己花了這麼一大筆錢，一定要努力學，讓這些錢花得值得！然後便拿去銀行，匯給一個壓根兒沒見過面的老外，成為他的第一個學生。

結果這大哥也真的是厲害，前後差不多十一個月的時間，總共視訊上課不超過兩小時，雖然時間短，但是該傳授給我的畢生功力都給了，後續也回答我近一百五十個手牌的問題。你當然可以說他給得少，但光是這些，已經讓我在短牌裡得到超過十倍以上的回報，完全省去我自己研究的時間成本，在極短的時間內把 Raymond Wu 改造成一台印鈔機。

條條大路通羅馬，他直接開法拉利載我走VIP通道，你說，到底是他賺了？還是我賺了？

當時我想，假設這是個騙局或是他亂教，那我的損失就是三百萬；但如果我學成了，就會賺回更多倍。而且我如果因此變成超強的短牌選手，往後要開班授課，賺回三百萬更不是難事，損失不了太多錢，潛在回報非常非常高。

遊戲這種事情賺的是知識的時間差，先抓到訣竅的人就能先賺錢。從踏入德州撲克開始，我都是自學提升功力，不斷地看書、找教練，讓自己變強。例如，買一套十萬元的撲克理論，看不懂就寫信問作者；從一個小時三千、一萬，到現在兩小時三百萬請教練上課。大膽地把錢砸下去，努力學起來，再狠狠地賺回來。

說來你可能不相信，我在大二之前，根本不喜歡讀書，最愛耍廢、辦趴、跑趴，專門帶頭做壞事，學位全靠小聰明拿到。但是自從打撲克後，我一頭栽進學習的世界裡，讀遍所有和德州撲克有關的書，理解到打牌不單只是戰術問題而已，情緒控管才是大難題，為了增強這方面的能力，我也讀了《孫子兵法》、《心經》。等玩撲克有了點成果，累積財富後，則開始看股票、房地產的相關書籍。甚至市面上有的實體課程也都不放過。

求學時看的書是為了成績而讀，那是一點感覺都沒有；但是接觸德州撲克後，所有的學習都是為了日後可以看到的盈利，對於大腦來說，每學習一樣新知識，就有可能轉換成錢。這樣的情況下，讀書學習反而變成一件愉悅的事。

投資自己，才能創造財富

這個轉變有個重要關鍵，那就是我有一個強烈而明確的賺錢欲望，並且找到了終極夢想，為了達標而主動學習，不是被逼的。所謂學校體制教育，大多只是給你一般的生活，但有夢想有目標的自我主動學習，才能創造財富。當你有了夢想，就會開啟所有動力，積極去尋找完成夢想所需要的一切。

我有個台大經濟系的學生，英文很差，在高中、大學階段怎樣都學不好；但是學了撲克後，英文突然變得很厲害。我並沒有教他英文，而是德州撲克的教材都是英文，為了成為撲克高手，他有了強大的學習動力，輕易就跨過多年來一直卡在眼前的障礙。

想要追求卓越，成為頂尖人才，自我投資絕對是必要的花費，也是

最有價值的投資。除了財務的投資外，另一個最需要重視的資產就是自己的健康，每一天的飲食跟運動都是投資。股神巴菲特說過：「投資自己永遠都不會有錯，因為你就是自己的最大資產。」

三百萬教練帶我到一個前所未有的新高點，這個投資的數字差不多是我三個月的收入，那你呢？願意拿三個月薪水去上課，投資自己嗎？

沒有貴不貴，只有值不值得

把資源投注在專長上，練到最強大。
不擅長的弱項就找專家。
我會捕魚，你會種田，彼此交換強項更好。

我一直對杜拜的紙醉金迷充滿好奇心，所以在二〇一九年底安排了中東行，住七星級飯店、享用私人晚餐……整趟旅程將近一個月，我狠下心花了百萬，但實際上卻覺得自己賺了一億，什麼意思？讓我來解釋。

帆船飯店的頂級奢華不用我多說，不知道的人上網查一下就知道了。但照片只存在於眼中，實際坐在那寬敞到不知如何形容的客廳當「一日富翁」，那個感覺真的是很難描述。

飯店位於從海邊延伸出去的人造島上，回望著陸地。挑高五、六公尺的樓中樓套房，有好幾面落地窗，一百八十度無敵景觀，看出去是超過你眼睛視野的地平線，蔚藍的海、數不盡的高樓。在毫無雲朵的沙漠豔陽下，感覺就像飄在雲端，整個人充滿無限希望。原來，世界上有這麼厲害的飯店，自以為住過各種頂級飯店的我，瞬間覺得沒見過世面。一個晚上九萬元的房間，阿拉伯老闆們隨意想住多久就多久，我卻只能住一晚，還捨不得睡，頓時覺得自己落後太多。

晚餐後，回到房間放了點音樂、開了瓶香檳，我望著遠方的杜拜城際線跟太太說：「欸，我剛剛賺了一億。」

她一臉困惑地反問：「什麼意思？股票賺的嗎？」

我說：「來到這裡，讓我發現自己離真正的富有還差得遠。我的賺錢欲望再度被燃起，給我十年，我們再回來住一個月，看著這幅夜景，我要告訴妳哪一棟有我的投資！」

那股欲望持續到現在，我一直以回到杜拜置產為目標，也希望每年跨年都能回去感受那氛圍。有什麼特別原因要選擇杜拜呢？因為杜拜聚集了世界各地的富豪，我期望有一天能踏入這個「俱樂部」。

賺錢像吸毒，我徹底上癮

賺錢對我來講，就像毒品一樣，我已經徹底上癮。探究原因，應該是來自於節儉的家庭教育。在台灣上小學時，每個星期零用錢五塊（那已是三十年前的事了），基本上只能在合作社買一顆小包子。那時候我很喜歡 M&M 巧克力，超商一包就賣十六塊，要存四個星期才能買，太久了，我不想等，就去拗弟弟的錢。因為過敏體質，身體經常不舒服，我想坐商務艙讓自己舒適點，但這在我家是不可能的，因為家裡只提供我基本開銷。但我想要的都不是基本的、堪用的，而是好的；既然不想委屈、不想被限制，那就自己賺。

欲望是我邁向成功的最佳燃料。旅遊時花費的每一筆錢會讓財富減少，看起來是達標的阻礙，但這東西不能單純用錢衡量，它存在隱含賠率，也就是潛在可能——開眼界。點燃一座賺錢的火山，更有動力賺錢。

九萬元住一晚，單從價格來看，確實貴，我也是經過考慮才出手。

但用一輩子來看的話，九萬很少，它所產生的價值遠遠超過這個數字，對我而言是超過一億的「價值」。就算最後我只是做了一場發財的白日夢，並未因此賺大錢，至少回憶無價。

五萬元的沙漠晚餐，差點嚇出尿

這次的中東旅行，我花了五萬元訂一頓沙漠晚餐，想像中應該是跟馬爾地夫的叢林晚餐一樣，有服務生隨伺在側，讓我們輕鬆享受食物，留下美好的回憶。結果，晚餐地點是在一個連 Google Maps 都查不到，距離飯店二十分鐘車程，位在保護區中心地帶的沙漠裡，現場只有三支火把、一支衛星電話以及一桌子的食物。把我們送到後，所有人就撤了，說是讓我們享受不被打擾的浪漫晚餐，但其實最後變成了恐怖晚餐。

白天一忘無際的沙漠美景，到了晚上就像個暗黑山洞，現場的光源只有星星和火把，除了地毯，所有物品都是黑的。三支火把被風吹得忽明忽滅，一桌的食物，如果招來沙漠猛獸怎麼辦？據說每天早餐跑來覓食的長角羚羊其實很凶猛，要是這些傢伙來了不就慘了？打電話求救會來得及嗎？傳說的沙漠毒蠍子會不會爬上腳、咬我一口？火把要是滅了，怎麼辦？我每吃一口飯就得轉頭四處確認，每喝一口酒就檢查火勢。

雖然有點抖，但是怎樣都是個獨特的體驗。現在講到這事，老婆就會笑我膽小，但這一切都烙印在我們的回憶裡，無價！

欲望是成功動力，適時添柴點燃它

在外人看來，包括我媽，都認為我是在花錢享樂，但其實我不過是花了收入的少部分，犒賞自己的努力，同時也給夢想添柴火、點燃欲望。畢竟邁向成功的路很長，賺了錢也要適當地消費；如果不花錢，你無法體會到這些多的錢能帶給你什麼。

當你把錢付出去，不管得到的是物品、快樂或是回憶，都會享受到好處，這個好處就是燃料，它是可以幾何性推動你前進的燃料。

剛回台灣的時候，我曾有過不切實際的創業夢，除了開撲克學校，還想開飲料店，專賣新鮮果汁、果昔那種。但因為不知道該用哪些水果，什麼時期的品質最好，怎樣保存才能減少耗損、降低成本，於是我和幾個合夥人，分頭上網爬文、找書看，忙了好幾天，但進展很有限，最後我想到一招。

我去了虎林街的傳統市場，找到一個非常健談的水果攤阿嬤。跟她買水果、問問題，阿嬤非常樂意地為我解答，說她做了三十幾年什麼水果都懂。

當下，我就問她：「阿嬤，我想開果汁店，我給妳三萬元，妳把這些知識都教給我。」阿嬤頓時愣住，說：「啊細有影還是沒影啊？」

「我是認真的。」直接掏出三萬元現金。三個小時後，所有的水果保存法、篩選法、成本等等，全都到我腦子裡了。

為什麼會找傳統市場的阿嬤呢？因為市場攤位不像店面設備齊全，水果的保鮮方法一定更厲害。為什麼直接給三萬？搞不好一萬她就答應了。我認為給一個對方不會拒絕，覺得自己有賺到的數字，她才願意傾囊相授。剛開始，阿嬤以為我在騙她，我直接先付錢，她不但該講的、不該講的都說了，還送我一堆水果，即使後來再去買水果，我也繼續享受折扣。

三個小時、三萬塊買一個人的畢生經驗，你說貴不貴？我認為超值得，而且皆大歡喜。從這一點我更相信，**要把資源投注在自己的專長上，練到最強大。至於不會的、不擅長的弱項就買專家。**我會捕魚，你會種田，那我們來交換。這也是我反對斜槓的原因，不要每個東西都會一點，要專注在自己的強項上。

過往每年夏天去拉斯維加斯比賽，我會在 check in 入住時，壓張一百美元在證件下，說：「不知道你們有沒有套房可以升等？」櫃檯人員看到小費就會收下，給你一個眼神回應：「升等嗎？我幫你看看……Mr. Wu，今天『剛好』有個大套房空出，我幫您換過去。」從一個單間的標準房，換到一個有客廳、餐廳、會客廳的高級套房，而且不是一晚，是七天！一百美元小費產生的價值超級大。夜店也是一樣，給個幾百美金小費，換到免排隊的 VIP 待遇，公關還會不經意地安排美女到你的「附近」。你說這些小費貴不貴？貴啊，但值不值呢？非常值得。

窮人在意的是價格，富人在意的是價值，我相信你日後也能以價值思考為出發點！

時間比錢更重要

時間可以改變很多事情，你可以去追尋理想中的生活，
也可以讓自己的時間變得很值錢。
把時間拿去做什麼，就會變成什麼。

剛到對岸發展的時候，很多人說關係很重要，所以我拚命應酬。不管喝酒喝到幾點、管它會吐到什麼程度，我都去，因為覺得可以累積人脈。一、兩年後，確實越來越多人認識我，微信聯絡人從一開始的個位數衝到兩千以上。

那時候，德州撲克在大陸非常流行，上流社會的聚會很多都是打牌交朋友。Hublot（宇舶錶）的大中華區老闆也很愛，邀我到深圳幫VIP貴賓舉辦私人的撲克晚餐。當天，我有幸認識一位因為新聞而爆紅的企業副總，我們聊得很開心，談了很多撲克，也加了彼此的微信。但聊完之後，卻一直不知道怎麼約他出去吃飯進一步交流，因為我發現彼此差異太大了，就算約他吃飯又能談什麼呢？那個當下我終於明白，如果不能給對方價值，任何人脈都沒有用。**所謂的人脈是一種資源交換，講究對等；當你無法提供價值時，對方根本不會理你。**

在我們這個圈子，金錢往來是很正常的，也常會遇到有人需要找朋友幫忙周轉。但是就我的觀察，那些每天一起吃飯、喝酒、打牌的「朋友」，這時候都躲得遠遠的。反倒是那種認識十幾年、一年見不上幾次面的朋友會伸出援手。在這個花天酒地的金錢世界裡，很多都是虛幻的。

沒有價值就沒有人脈

從那時候開始，我就拒絕沒有建設性的社交。時間和精神應該花在自己身上，而不是別人身上，我寧願把時間用來提升自己，也不想浪費時間。只有把自己變厲害，人脈才有用，否則都是假的。**等價交換才有等價友誼，強大的人才有高社交價值**。這是喝了好幾年的酒，跑應酬跑來的真心話，請好好珍惜。

十幾歲的時候，父親曾問我要不要接公司，我回答：「公司太小，沒興趣！」這樣的臭屁話，拒絕接班。接下來，就必須全方位地證明自己，所以德州撲克不只是金錢遊戲，對我來講更是證明實力的遊戲。所以我一直在跟時間賽跑，對時間的價值感和迫切感特別強，到現在還是如此。因為距離理想中的自己還差很遠，還有太多的事要做，而且我知道我的時間可以賺很多錢。如果我花一小時耍廢，是不是就少賺一個小時的錢？就算不打牌，不讀書、不研究東西、不進步，那就是退步，對我來講都是損失。現在更嚴重了，十幾、二十分鐘的時間我都不想浪費。

所以我的生活是這樣安排的：一週頂多休息半天至一天，每天至少工作八小時。不打牌的時間，就檢討前一天的牌局策略、研究投資、努力自學，無論線上或實體課，只要對我有用就去上。特別會著力在成功學以及所有跟賺錢有關的書，但不看文學類書籍，不是不喜歡而是跟賺錢無關。學速讀，提高看書效率、增強記憶力；運動健身，保持最佳打牌狀態。為了避免自己浪費時間在社群網站上，我還開啟上鎖設定，每次限用十分鐘。給自己設一個固定週期，吃一種水果、聽一首歌，就像賈伯斯只穿黑色衣服的概念。時間和精力很重要，它是有限的，每天都要放在重要的事情上。

時間就是金錢，精神則是黃金

一直以來，常常可以聽到「時間就是金錢」，但是對我來說「精神才更是金錢」。每一個人、每一天，從醒來到睡著，腦力是遞減的；假設起床時的腦力是一百分，那你所做的每一個決定跟每一個思緒，都是從這個被我稱之為「精神漏斗」的地方去支出。偏偏我的牌局都在晚上時間，因此我會盡力避免做任何可能耗損腦力的行為，讓我在晚上八點的時候，起碼也要保持個八十分的程度。

對我來說，接電話、回信息、沒有建設性的聊天、回答無聊問題、追劇、滑手機等等都是在消耗精神，我會盡量避免。很多人會在意浪費時間，但是卻極少人會在意浪費精神，隨便上ＩＧ看網紅就是半小時，玩個 Candy Crush 也是。花了時間、耗了精神，是不是虧大了？

我在二十三歲剛從美國畢業回台灣的時候，可以說是名副其實的夜店王子。週三的淑女之夜、週五週六的週末趴，一場都不會錯過；其他日子，沒去夜店也是在 lounge bar 聊天打屁。剛開始，我覺得自己非常屌，開香檳、抱美女，感覺自己過著美滿的生活。但是這種日子，一下子就膩了。

最讓我無法持續下去的原因，是因為只要出去喝酒，隔天就很容易宿醉或睡到日上三竿，起床時精神不濟，什麼事也不想做。為了週五晚上的那幾個小時，我整個週末幾乎報廢。想到目標還如此遙遠，我果斷放棄那樣的生活，現在一年不知道會不會去上兩次夜店。這聽起來沒什麼影響的事情，卻是我自認和同齡朋友拉開距離最大的關鍵。

時間可以改變很多事情，你可以去追尋理想中的生活，也可以讓自己的時間變得很值錢。二十二歲大學剛畢業，我建議你要把時間用在累積實力，而不是建立人脈。現在網路世界裡充滿各式各樣的知識，幾乎不需要特別花錢就能學到很多東西。你的時間一定值錢，不然賣給我，我很希望可以買。

你把時間拿去做什麼，就會變成什麼。回答下面三個問題：

每天通勤時候在做什麼？

下班後做什麼？

週末假日在做什麼？

如果這三段時間，有任何一者是用來自我增進，你已經走上夢想之路，我替你按個讚；但如果是通勤睡覺、下班追劇，週末跟朋友出去聊天打屁泡夜店，那麼，說句不好聽的實話……你窮，剛好而已！

專注做到最好，錢就會來找你

人的精力是有限的，
資源分散了，力量就會變小。
斜槓有辦法贏過投注幾十年時間的研究嗎？
任何領域都一樣，所有的頂尖都是從專注產生的。

我反對斜槓，但也可以理解為什麼越來越多人想透過斜槓，追求財富自由。同時兼做多份工作，雖然可以短暫地提升收入，但這只是拿時間來換錢，並沒有改變收入結構。聰明的做法是，**聚焦一個強項做到頂尖、專家等級，錢就會來找你**。

德州撲克有很多種玩法，每一種玩法都是一種遊戲。我從初入門到現在，打過四到五種遊戲，包括：有限注、無限注、奧馬哈、短牌等等。在高手對戰的過程中，我發現幾乎沒有人可以把兩樣遊戲玩到熟透、玩到很強，絕大部分的人都是有一項特別強，另一項可能可以贏，但打不贏業界領先者。像我自己就沒辦法在學習過程中，同時玩兩個遊戲，因為思維完全不一樣。

剛開始我會征戰於不同的遊戲裡，小打小贏，後來發現這種打法太辛苦了。不同遊戲有不同的規則，策略、節奏、輸贏都不一樣，這樣等於是不停地切換頻道，牌桌上耗盡腦力操碎心，牌桌下的準備也分散了時間和精力。與其每一種都會一點，每一個都贏一點，不如選一項遊戲練到最強，打到最厲害，成為那個遊戲的職人！

斜槓很難變現，頂尖才能賺大錢

我們應該追求日本職人精神，而不是斜槓。

日本的「壽司之神」小野二郎，是全球最老的米其林三星大廚。他在東京銀座開的壽司店「數寄屋橋次郎」是一家樸實的小店，只有十個座位，只賣握壽司，每個人最低消費三萬日圓，食客必須提前三個月預訂，才有機會品嚐到美味。二〇一四年，當時的美國總統歐巴馬訪問日本，首相安倍晉三特地選在這家店宴請歐巴馬。年歲近百的小野二郎一輩子都在重複做相同的事，以求精進，為了做好握壽司，不工作的時候，他都戴著手套保護雙手，甚至不願跟男人握手，因為覺得男人的手太粗會影響他的壽司品質。他在紀錄片《壽司之神》中說，自己一輩子都在努力達到巔峰，但沒人知道巔峰在哪裡。我想，這個被讚嘆為值得一生等待的壽司，吃的不是最好的食材、頂級廚藝，而是職人精神。

幾十年只研究一種技藝，全身投入，做到爐火純青，成為領域中的傳奇，你覺得斜槓贏得了嗎？所有人都是百分之一百二十在努力，沒有哪個斜槓進來的人，能贏過這些付出百分之一百二十努力的人。任何領域都一樣，所有的頂尖一定是專注的。

人的精力時間是有限的，資源分散了，力量就會變小，無法極致。

我相信，很多人確實具備多重能力，但不可能同時進行。你可以在不同領域賺到錢，但要賺到大錢，不可能靠兼職而來。如果你的專業力只是一般水平、平均標準的話，那你很容易被取代。任何行業只要能做到頂尖，收入便不會是個問題。

如果你只是想賺外快，確實可以斜槓很多東西沒錯，但這也太辛苦了，花那麼多時間，賺那麼點小錢幹麼呢？假設一個月賺五萬，兼差多賺一萬五，這筆錢只是解決眼前的需求，對未來的生活不會有太大改變，更不會改變收入結構。倒不如在工作之餘投資未來，專注培養自己的強項，然後做到頂尖，日後就有可能讓這專長的收入，超過原始工作，跳脫辛苦賺錢的迴圈。很多專業的德州撲克玩家，之前也是有工作的，每天下班哄小孩睡覺後，再一點一點慢慢累積實力，最後才專職，成為超強的職業選手。

只要專注在一件事情上，每個人都會有一個技能可以成為領域的頂尖，只是還不知道是什麼技能。就像當初我也不知道自己能幹麼，剛好因緣際會碰到德州撲克，下了功夫成為這領域比較領先的人。我相信每個人都會有這樣的能耐。

雞蛋要放在最好的籃子裡

二〇〇八年回台灣發展，重新定位職涯，總覺得應該更積極做點什麼，多角化發展，不能只是打撲克。加上已經從事線上教學多年，開撲克學校也就理所當然，既可以傳承技術，也能訓練厲害的撲克新星，師徒一起挖掘金礦。於是說幹就幹，搞了一間很厲害的教室，第一次招生就來了兩百多人，透過面試選出三十人，包括：台大高材生、橋牌國手、心算金氏世界紀錄保持人……陣容堅強，和學生一起解牌、演練、辦比賽。

兩年的時間，因為全心投入在打牌上，無心經營學校的生意，賠了四百萬，最後決定忍痛停損，關門止血。

我犯了一個錯誤，以為牌技高超就可以開撲克學校，其實這是截然不同的專業，該採用什麼樣的獲利模式、怎麼控制營運成本、如何選才、管理……樣樣都是學問。我低估了跨業的難度，斜槓沒那麼簡單，不但虧本還分散了寶貴的資源。

誰說雞蛋要放在不同籃子裡，股神巴菲特就說過：「要把雞蛋放在一個籃子裡，然後看好這個籃子。」多元是針對未知的保護，它不會降低風險，還會分散資源。你想雞蛋分別放進十個籃子，但每個籃子你都摸不清楚，每個都破破爛爛快壞了，這不是更危險嗎？**人生就是要把雞蛋放在最厲害的籃子裡，選對目標，集中資源，然後跟它拚了！輸了，再找新的籃子。**

我是靠德州撲克起家，但每次嘗試一個新遊戲，都寧願沒學過德州撲克，因為你會有先入為主的想法，但方向可能完全相反。轉換的過程很痛苦，需要好幾個月，才能在一個新的遊戲戰下來，哪怕對遊戲認識很深，還是需要這麼多時間。

短牌是我開拓出來的專長，現在已經是第一專長，德州撲克已經一年半沒打了。我喜歡專注在一件事情上，然後把這件事情做到極致。雖然我已經站穩短牌圈並穩定獲利，但我還是不斷看書、找教練，甚至常常打牌打到夢裡頭。

我是被德州撲克耽誤的短牌選手。

別急著賺小錢，看長不看短才能賺得多

表面上我是少賺了學費，但實際上卻是建立了關係。
免費教學說明我不小氣，也不是只想賺錢。
交流是搏感情，教學完畢，關係才剛開始。

我教撲克的行情是一個小時三萬。以前覺得這錢很好賺，也賺得開心，但現在覺得有點蠢，因為這段教學關係的實際價值，可能超過這幾萬塊，為了眼前的小錢，很可能失去更多。這是我從對岸牌友身上，學到的賺錢智慧。

那一年我在上海打牌，有個老闆牌友老是輸牌，狀況很不好，於是想跟我學牌。當時我的行情是一個小時八千人民幣，因為跟對方有一點點交情，我只收了兩千人民幣，就當交個朋友。這位老闆學成之後，抓到訣竅，牌藝精進，從每個月輸兩百萬人民幣，變成小輸。有一天，他直接轉帳二十萬人民幣給我，說：「小吳，我這個月少輸的，都給你吧。」二十萬人民幣，相當於百萬台幣，他竟然給得如此大方。而且不只他，許多對岸玩家分紅撒幣都很大氣。

後來我才明白，原來**牌桌上的輸贏，不只是金錢，還有關係。透過博感情所建立的連結，不但更緊密，後面產生的效益和機會也更大。**尤其在大陸，牌局是很多企業家的社交場域，必須嚴格篩選牌友。想上桌和老闆玩牌，個人的風評很重要，要讓對方覺得你很可靠，不會謀取他的財物，甚至要讓他覺得賺到。

牌桌輸贏不只金錢

試想，收三萬元學費，教學完成買賣結束，日後打牌還是打輸了，他覺得吃虧，因此產生負評，那我就剉賽了，以後的局也別玩了；相反地，免費教學又贏錢，對方肯定覺得超賺。

所以，我現在教牌以交流為主，只要是企業家牌友要求教學，任何問題我都樂於解答，還會爽快地說：「先不談錢，真的幫到你了，以後再說。」

表面上，我少賺幾個小時學費，實際上是建立關係，交個朋友。免費教學說明我不是個小氣的人，也不是只想賺錢的人。日後他不但可以教我經營心法，也能推薦我加入更大更好的牌局，至少賺個好評，這種不是因為金錢開啟的關係，才有更多可能。簡單講，教學關係完了買賣結束，交流是搏感情，教學完畢，關係才剛開始。

大陸牌局的行規是，我有局讓你加入，你打贏了就要分紅。二〇一八年夏天，我正在普吉島旅行，一個朋友A君引薦我一場牌局。依照慣例，都會給推薦人一些股份吃紅，但對方卻說：「沒事，小錢，你就玩吧，不用。」結果，我真的在那場牌局贏錢，也因此對他產生信任感，日後，只要他丟給我的牌局，我都主動分紅，而且不介意多給。這一、兩年來，他已從我這裡賺走千萬台幣。

只因為第一次他不要求分紅，建立了信任感，從此我便跟著他介紹的牌局，四處征戰。

適時放掉眼前利益，才能釣大魚

大陸牌局打得很大，一把牌可以到百萬甚至千萬級別，百分之十的分紅也很可觀，一個月下來就是幾十萬的差別。某次一個不錯的牌局，對方要抽四成，我實拿六成，心裡很想討價還價，但A君點醒我：「沒事，這是小錢。現在先幫對方賺點錢，他才會相信你，以後有更大的，才會想到你。」是啊，你想賺錢，就要先幫別人賺錢，這不就是心想事成的祕密嗎？

這些年跟大陸玩家打牌，發現自己太習慣追逐眼前利益，但是許多大陸玩家看得長遠，不會計較小錢，甚至刻意放掉賺錢機會，放長線釣大魚。

比方說，有個老闆牌咖今天運氣特別背，已經輸了五、六百萬。你有一手好牌，下注一百萬，對方一定會跟、也一定輸。你鐵定贏，但你會怎麼做？這時候聰明的做法是，手下留情：「好啦，×總你今天太背了，這把牌你就別跟了，咱們休息吧。」

這個時候你是損失了眼前的一百萬，但這老闆也從此知道你不會趁人之危，是個可以信任的人，往後只要有他在的牌局，都會歡迎你加入。

相反地，如果只顧著賺錢，趕盡殺絕，很可能因小失大。畢竟這些老闆能賺大錢都是明白人，也知道自己打不過你，就算輸錢，也要輸給喜歡的人，不想輸給一個「擺明是來賺錢的職業咖」。

所以，現在遇到情緒化、運氣特別差的老闆，我不會再趕盡殺絕，讓他輸下去，而是到了某一個點就停住。現場牌局特別講究博感情，老闆們打牌都是為了娛樂，千萬不要讓他們覺得你是來掠奪，搞壞氣氛的職業牌手。

牌桌江湖，暗藏人生智慧

人嘛終究逃不過一個「情」字，不是「愛情」而是「情義」。困難的時候你幫我，需要的時候你給我，絕大多數的人都是知恩圖報的。一旦建立好連結，好康逗相報，有錢一起賺。

這招真的很強！

雖然是牌桌江湖，人生也是一樣的，不要太計較，算得太清楚，互不相欠的同時，也會斷了其他可能。而且一定要大方，像土豪一樣大方、大氣。再說一件糗事，你就會懂了。

一樣是A君的故事，有一次我背了一個精品包，他很喜歡，我回說：「當初買八萬多，友情價賣你兩萬。」結果他也沒要，只丟下一句：「再說吧。」後來，他去代購某名牌的皮衣，一件二十萬，直接跟我說：「這件尺碼買小了，不嫌棄就送你吧！」當場讓我倍感羞愧，實在無法面對自己曾經說過的話。
人家是這麼大方，我怎麼這麼小氣。

小心省錢陷阱，花對錢更致富

「省」是種美德，卻無法改變你的財務結構跟現況。
只有開源，
把所有的精神跟時間拿來想怎麼賺錢，
才有可能將財務之路一百八十度大轉向。

你在出國前，是否會比較機票、比較飯店、比較行程？五天的日本行，可以花上整個月的時間爬文找優惠。但是你有沒有想過，這樣子真的有省到嗎？

從小，我家的教育是「省錢就是乖，省錢就是好」。在這個環境下我也盡量配合，買東西得比價找出最優惠的價格，還要懂殺價，能省多少是多少。所以，我很愛也很會殺價，常跑夜市跟老闆亂砍價，開口就是流利的台語。老闆看我一個ABC樣的人台語居然講這麼好，就比較容易殺價成功，那時候殺個幾十塊就覺得自己「賺到了」。

留學美國時，家裡負擔沉重，寒暑假回台灣的來回機票，除了經濟艙以外別無其他選擇。我本身睡眠比較淺，在飛機上根本沒法睡覺，別說坐著睡了，靠窗側睡也可能是半睡半醒。記得有一次太晚劃位，排到四人座位的中間位置，根本動彈不得。離降落還有八小時，我的頭就開始劇烈疼痛，痛到跑廁所狂吐，看著同班飛機的同學平躺在商務艙，睡得爽滋滋的，我立志以後出國都要坐商務艙。但是那時候雖然不舒服，也不想跟爸媽要求什麼，因為我知道家裡的負擔很大，想搭商務艙，以後我自己買！

大學畢業後，開始賺錢。出國買機票，看到商務艙機票的價格常態性地比經濟艙貴上兩、三倍，雖然負擔得起，卻因為要自己花錢反而手軟了。幾次去歐洲，為了價格而選擇經濟艙後，我都非常後悔。後來，為了搭商務艙，我上網找各種方法想要壓低價格——刷聯名卡、購買里程、辦卡首刷得里程、挑選冷門的日期時間等等，幾次以稍微優惠的價格入手，都讓我沾沾自喜。

直到有一天，我突然想到……這些事情到底花了我多少時間？每回出國上網找機票，假設一天花兩小時，七天的話就是十四個小時，我省了多少呢？機票從十二萬變成八萬，也就是我用十四個小時「賺到」四萬，時薪兩千八百元。我發現「省了」四萬，但是機會成本（如果這時間是拿來打牌或研究），我的期望值可能可以買兩張機票，所以為了省錢反而變成虧錢。自此之後，我上網看機票都規定自己要在三十分鐘內下單，不再拖拉龜毛。這樣子，我的總產值變高許多。

花時間省錢，哪來的時間賺錢

現在很多朋友出國都會選擇 Airbnb 的民宿，因為是日租公寓，相對於飯店，價格的選擇空間可以大很多。但是，這件事情暗含了非常多的隱藏成本。我環遊世界的那兩年，很多旅程都有用到 Airbnb，沒別的原因，就是可以節省旅費，但是現在它已經不是我的優先考量了。

首先，我必須說 Airbnb 的地雷很多，非常多的房子規劃、管理、衛生條件都大大不如廣告文案所寫的。也因為這樣，我必須要很仔細地閱讀前面房客留下來的評價，判斷這個地方好不好。這就是一個巨大的時間成本。

再來，很多情況是到了當地還要跟房東約時間拿鑰匙，有些地方不好找，還有更多是臨時聯絡不到人，這些都是額外的時間成本。

也有許多問題是照片上看不到的，比如：房間裡有嚴重霉味，窗簾遮光效果不好，早上六點就亮得睡不著，Wi-Fi訊號差，屋主忘記繳電費……非常多不定時炸彈，到了現場才要去協調，但這些都是成本啊！比起直接選擇飯店，只要check in，入住什麼都準備好了，為何要這樣折磨自己？現在，只要旅程不超過十天，我是完全不會考慮Airbnb的。

每個人每天的時間和精力是一樣的，尋找賺錢方法和省錢方法所耗費的時間和精力是一樣的，為什麼不想賺錢的方法呢？我覺得應該讓時間和腦力有更高的產值，而不是省錢而已。

從策略角度看，當我把時間用來省錢，哪來的時間賺錢？當所有的人都想著省錢這招，這就是一片紅海，一定有人比你更會省。如果大家都在想著省，那開源賺錢的人是不是就少了？這是不是就是個藍海呢？

用時間、健康省錢，小心掉入貧窮陷阱

個人覺得有個最關鍵的思維轉換——**面對商品時的思考，要從「價格」轉到「價值」**。便宜的東西，隨便買都沒差，但只要沒有對應的價值，我完全不會去考慮。反之，有「價值」的東西，哪怕「價格」再高，只要它有相符的內涵，我就會積極買入。

很多家庭從不清洗冷氣機、不除塵蟎，牆上滿是壁癌也捨不得花錢處理。要知道這些霉菌有極高的致癌風險，待在這樣的空間久了很容易得癌症，請問是治療癌症的醫藥費貴？還是每年的清潔費高？

時間、健康都是比錢更重要的資產，它是限量的，用掉就沒了，花再多錢都追不回來。所以，我把有助於自己的生財工具視為投資，只要

能幫助我，就沒有「貴」這個詞。一張好的椅子，一張好的升降桌，一張好睡的床，躺著舒服的枕頭，蓋著舒服的被子，跟不會飄出霉味的冷氣機……這些都會直接影響我每日的戰果。這些東西的花費，我絕對不可能省。

我媽常說我是討債鬼，不把錢當錢看，過得太揮霍。但其實我是精打細算的，所有花費都是能幫助我達成終極目標的必要投資。只要我覺得這些錢花下去，會讓我賺更多，不管是工作時用的配備或是去健身房、去復健、去學習，甚至去旅行，沒有東西是貴的。

小時候因為聽說猶太人很會賺錢，我就去買關於他們的書來看。書上提到「記帳」很重要。於是我在手機上下載了APP，把每天的每一筆花費都記下來，持續了三年後，感觸很深——每個人的年花費，基本上會有幾個大項在主導，比如：房租、車子開銷、飲食、旅遊等。也因為這樣，其他的項目再怎麼省，都無法動搖總支出太多。

「省」，確實是種美德。但我想強調的是，**單是「省」無法改變你的財務結構跟現況**。覺得九十元的便當太貴，省一點吃六十的；三萬二的房租太貴，改租二萬八的房子，都無法改變你的收入結構，你還是在一個關起來的盒子裡無法跳脫出去。**唯一能改變的方法，就是開源。該花的就花，把你所有的精神跟時間拿來想怎麼賺錢，你的財務之路才會一百八十度變更航向。**

拒當財務文盲

隨時都在做賺錢的決定，
已成為我大腦裡的反射動作，
不會賺錢的決定，別想讓我勞費心神。

「小弟月薪三萬五、四萬左右，請問養得起一台保時捷嗎？」

近期一篇論壇上的貼文，讓我驚呆了。不知道是我太小氣，還是對方太闊氣，以我的收入（擁有足夠的閒錢），對於精品跑車都還是考慮再三，遲遲買不下手。怎麼會有人打算拿全部身家養一部二手跑車，負債消費購買奢侈品？這根本是讓自己陷入錢坑的財務文盲。

保時捷敞篷跑車確實是我的夢想，而這件事我也想了十幾年，其中曾經有三次機會──二十三、二十七、三十一歲時──但是最後都忍下來。因為以當時的財力，拿三百多萬買車，不是小錢，這項花費會成為成功的絆腳石。而且，錢有許多去處，哪個地方應該都比買車好，美國股市年報酬率百分之八，甚至債券也都有百分之四的收益。但買車是負資產，如果沒有剛需，這絕對不是個聰明的消費行為。加上我住在市區，交通方便，怎麼算都覺得養跑車不合理，所以暫時放下了這個夢想，把買車預算拿去投資買資產。

現在回頭看是財務上的明智選擇，現在的我終於可以輕鬆買下跑車，這是可以任性的最佳時間點。

拿投資後的被動收入，去買超跑才是正確選擇。股神巴菲特擁有那麼多的財富，開的車仍是一百三十幾萬的 Cadillac XTS，而且還是因為女兒受不了他的老爺車才去換新車。因為他知道同樣的錢，十年後會變得更有價值，車子是最標準的負債、負資產的代名詞——不是只有買的時候才花錢，日後的每個月，牌照、保險、油錢、保養、停車費跟折舊全部都得加上去。

財務控管，設置安全邊界

前美國總統川普主張，拿到收入後先投資百分之二十，其他的百分之八十支付生活所需，如果還有剩餘，才去做奢侈消費、狠狠花掉——你該做的都做了，就要好好犒賞自己。《巴比倫最有錢的人》，刻字匠阿卡德的財富自由之路》作者喬治．山繆．克拉森則主張，把收入的百分之十存起來，五塊、十塊都好，投資自己和家人的未來。

但我自己的財務分配很緊，我是相反過來——只花兩成，其他八成全部拿去投資。甚至很長一段時間，是把所有贏來的錢都拿去錢滾錢。如今，我每年的奢侈品消費已經降低至年收入的百分之五不到。

這是職業病、牌桌上的訓練，隨時都在做賺錢的決定，它已成為我的反射動作，不會賺錢的決定別想讓我勞費心神。對我來講，奢侈花費就是獎盃，用來犒賞自己的努力，讓心情放假，推動我繼續拚下去。所以這筆消費不能成為絆腳石，必須控制在安全邊界之內。

奢侈消費，讓心情放假

既然是獎勵，那就要追求「爽」、要能瀟灑享受工作成果，隨心所欲不用妥協、不必管CP值，才更有動力。奢侈消費本身就是任性，就是要買不切實際的東西，做不必要的事情、不必要的花費。之前我忍下三次購買保時捷的機會，把預算拿去投資，現在才有財力更好下手，能盡情挑選喜歡的顏色、配備。如果這個預算原本就預計要花掉的，那就請你用力地花，不要客氣！

但這是賺錢以後才能做的事，任性買、隨便買，不需妥協，不覺得勉強……財力不到這程度時就該去賺錢。

記得十年前第一次去二〇一一的Dolce&Gabbana消費，一條牛仔褲三萬元，看了半天，一淺一深，因為都很喜歡，便請朋友給意見，結果他回答：「我們不是來這裡省錢的吧……」這話實在是太有道理了，於是我兩件都買了。

很多小資族會買 LV 最小的零錢包來滿足欲望，要是我，寧願選擇不買，先去賺錢，等賺到大錢，喜歡什麼就買什麼，不需要勉強。如果買不起就再去賺，精品店連進去都不該進去，把所有精神都放在賺錢上而不是消費，這樣就會更有動力賺錢。美國饒舌天王 Jay-Z 曾說過：「如果你不能買這東西兩次，那就代表你負擔不起！」

剛開始賺錢的兩三年，長期壓抑受限的物質欲望突然被釋放，想買什麼就買什麼，盲目地狂買名牌。喜歡也買、不喜歡也買，越貴我越買、越是秀款我越買，每季的服裝費可以花掉幾十萬。一副水牛角鏡框的眼鏡八萬多我沒在心疼的，買到最貴、最頂級就對了；十幾萬的衣服穿在身上，朋友說沒有 logo 沒人知道有啥用，我也有樣學樣，一定要秀出來；還想學黑人那樣，金戒指金項鍊大金牙。以為穿得夠高檔，別人就會覺得我屌……後來發現別人根本不會看你第二眼，衣服不是重點，身材跟氣質才是關鍵。

我好奇心重，什麼都想嘗試，沒買過沒穿過的越想試，穿過後就發現這樣的東西可有可無。偏偏越是禁止、越是得不到的，越是想去嘗試。

經歷才能控制，看清就會停止

我的物質欲望和瘋狂消費的惡習，是在一次搬家和外婆過世後才改變的。

那年搬家，發現九成的衣物都沒穿過，非常多款式、顏色重複或是只穿一次就沒再穿的衣服。像是一件Dolce&Gabbana猛虎下山的山水畫短褲，兩個褲管上各有一隻老虎，原價八萬我買五萬多超開心，但買了八、九年一直都沒穿過；好幾萬的牛仔褲、十幾萬的Balmain外套……基本上都沒穿過幾次。

直到外婆過世……我才發現，雖然外婆沒有太多物質上的東西，但是床前卻有非常多的親人陪伴她、想念她，那時我體會到物質上的奢侈品是多麼沒有意義。以前每年的服裝費可以破百萬，現在是看到真正喜歡的才買。回頭看以前的自己，覺得愚蠢又俗氣，但也是因為有了這個過程，我才真正明白物質的真理。

之前我訂了一台保時捷 718 Boxster，它是我十幾年來的夢想。購買前，朋友們極力推薦 911，因為那才是經典。看著看著，我心想再加個三百萬也行啊！這樣好像也可以啊，然後再看看配備，又加了一百萬。但有天突然驚覺，自己的心態完全被人牽著走了。

在買車前，我只要有台保時捷，管它哪個顏色、哪種配備，我都開心。如今給了我選擇，最初讓我開心的車反而變成不好看、沒有價值了。於是我決定拋開所有外面的聲音，只問自己：「有一台 718 Boxter，你開心嗎？」答案是「會！」那就是它了。**別人覺得經典不經典，CP 值高或低都不是我的事。回歸初衷，別讓人把你的價值帶偏了。**

別人賺多少，關你什麼事？

很多人總愛在意是不是讓人占了便宜，
但是在以賽局理論為基礎的撲克遊戲裡，
所有的決定只考慮「對自己來說是不是最好的選擇」。

有一天，某財經台的房地產節目，討論到底應該租房還是買房子。主持人不斷強調：「每個月兩萬五的房租，等於是在幫房東繳房貸，還不如自己買房子！」這個論點實在是矛盾而且不負責任——每個人的情況不一樣，應該為自己的賽局做獨立判斷。

很多人總愛在意是不是讓人占了便宜，但是在以賽局理論為基礎的撲克遊戲裡，不會這樣思考。所有的決定只考慮「對自己來說是不是最好的選擇」，只要你有賺到，別人賺多少不是重點！

租房這件事也是一樣，同樣兩萬五，房東是付出極大的成本才能擁有這個資產來出租——至少先付了兩成的房價、房子交易成本、裝潢修繕費用、管理成本、貸款、租不出去的風險以及因為買房而放棄的投資機會。在這樣的情況下，每個月才能賺到兩萬五，而你只拿兩萬五就有地方住，不需要將一大筆錢押在房子上，雙方各取所需，這樣不正是雙贏嗎？

養房子的成本很高，負擔不起千萬不要輕易行動。為了不讓房東占便宜，就去貸款買房，結果被房貸壓得喘不過氣，失去生活品質，最終的期望值將變成負的。這件事情的出發點確實是因為「覺得別人賺到」，結果搞到自己變成輸家，賠了夫人又折兵。不買房子，你可能還有錢投資自己、投資未來，因為一句話一個思維，人生從此被房子綁住。

小心買房陷阱，當心被困一輩子

多數人以為房子是資產，但是《富爸爸，窮爸爸》的作者羅伯特・T・清崎卻說，自住的房子是負債，因為只有支出、沒有收入，不會每個月生出錢給你，而是要你拿錢養它；但股票就是資產，因為每年配息。出租房子只需要維修成本小於支出也是資產。**想要變有錢，就必須收集資產而不是負債，同時還要控制好資產負債配比。**

巴菲特曾說過，自住房的頭期款不應該超過資產的百分之十，假設存款、債券……所有資產加總起來五百萬，那麼買房的頭期款就不能超過五十萬。雖然，這對多數人來講是很誇張的，但我覺得挺有道理，自住不應該花太多錢。很多人把八、九成的資產全部拿來養房子，夫妻兩人月收八萬就拿五萬多繳房貸，日子過得苦得要命，這等於是凍結資金流動性。

相反地，租房子，還讓你的錢可以做其他事，比如說投資自己、投資股票或是出國旅行……這些你都沒想到，只想到自己付了租金，房子是誰的。

如果你這輩子辛苦了三十年，最終得到房子，但過程是辛苦的，那有什麼意義呢？因為這房子又不能賣，你還是要住在裡面，是吧？

為自己做最佳選擇

德州撲克的思考邏輯，是當下判定現在怎麼做才是對自己最好的選擇。比方跟人打一副牌，已經投入很多了，卻發現出了最後一張牌是不利的，那放棄就是最佳選擇。我絕不會為了不想被對方贏，而選擇繼續跟注，做出最糟的選擇，因為見不得別人好，反而害了自己。

如果我現在月薪五萬，就是買不起房子，那我的最佳選擇就是租房，把多餘的錢拿去投資股票、投資自己。增加收入改變現況才是當務之急，等收入增加了，再考慮買房。

你不能說，不想讓房東賺，就扛貸款把自己一輩子鎖死，那是害自己還是對方？肯定是自己啊，只要是很勉強地購屋買房子，這輩子就永遠無法脫身。

所有決定應該以自己為考量，不需要因為別人左右你的決定。只要對你是正期望值的事情，幹麼管別人賺了多少。任何一筆交易完成，都是各取所需、都是雙贏；不是付租金給房東就是幫他繳房貸，你就吃虧。每個月只要兩萬多的房租，就能住進幾百萬的房子裡，這就夠了。至於房東得到什麼利益，跟你沒有關係，你何必在意他占了什麼便宜，這不是你的立場該想的事。

更何況，怕別人占便宜的心態，不會讓你更好。有些房東把淘汰的家具留給房客，不要的沙發、床墊、櫃子通通放到等待出租的房子裡，不在意空間的美感、舒適度，反正租金也便宜……這種思維最終導致的效應是，什麼樣的房子吸引什麼樣的房客。人性是雙面刃，不在意舊家具的房客很有可能也比較不在意衛生，這樣的房客能愛惜你的房子嗎？

當你永遠把最差的東西給別人時，回到你身上也會是最差的。

股市和賭桌一樣充滿幻術

玩牌的人都知道，
犯錯是再正常不過的事，沒有必要去放大它，
你只需要知道何時放棄。
決策對了，波動沒關係、結果沒關係。

撲克和股票一樣充滿幻術，有時候用對的策略卻輸錢，讓你懷疑自己，越來越沒信心；有時候明明用錯戰術或是亂打卻能賺錢，還賺得超多。如果看不清每一次輸贏的真相，搞不清是因為運氣還是技術，而重複一時賺錢的錯誤策略，就會掉進輸錢陷阱，越輸越多。

長年的牌桌訓練，讓我可以看清真相，在股海中累積財富。如果沒有意外，幾年後，股票投資的收入將超過打牌的成績，成為我人生的第二曲線。

長年撲克訓練，看清股市幻術

其實我一直夢想成為一名股票交易員，小時候，常看家人盯著電視解盤節目，我覺得很有意思。八歲那年，我好奇地問：「這是不是能賺錢？」、「可以，賺很多錢！」、「好，那我要做這個。」然後我就對股票超有興趣。十二歲的時候，爸媽真的帶我去華爾街，參觀紐約交易所還跟大金牛拍照，「這就是我以後工作的地方。」

沒想到，後來找到更有趣的賺錢工作，一頭栽進德州撲克的世界。在邁向職業選手的路途中，曾經因為破產而心灰意冷，一度打算放棄轉行，就是大三暑假，半個小時輸掉兩百萬。最後一次破產那次，跑去書店買了一堆股票書，開始研究，試圖重新找回小時候的志願。後來重返撲克圈，確定人生與股票交易員無緣。但從那時候開始，我的股票投資沒停過，只要手上有閒錢就買，五萬、十萬持續買進。隨著手中持股越來越多，基數變大，漲跌時特別有感，一個決定下去，就是幾十萬上百萬，跟打牌一樣，於是我又開始上課，積極研究股票。

股票和撲克很像，需要明確算出每一個標的的價值。大家都知道德州撲克的ＡＡ在還沒開牌前價值最高，但是隨著公共牌發出來以及其他玩家的動作，ＡＡ的價值會出現浮動，有時往上有時往下，你必須跟隨這些信息，來機動調整對於當前這把牌的「價值」認知。股票也是，找出好標的，算出內在價值，低於內在價值買進，高於則賣出。不用在意每日的小波動，因為它根本不會影響這支股票的內在價值。

股票又跟撲克不一樣，撲克的難度會隨著級別線性上升，越上面越難。以股票來說，不到太大的規模，操作幾十萬跟幾百萬並不會有太大區別。而且股市裡面的「魚」非常多，一堆不懂、亂玩的投資人每天關注著「價格」，然後靠著「感覺」來「投資」。

巴菲特比喻，股票市場就是自動投球機，每天會投很多球給你。這場棒球比賽，沒有三振出局，不限次數，但真實的球賽不揮棒會出局。德州撲克有盲注、有時間限制，不能一直等牌，你會被迫採取行動，很多時候必須在壞球情況下揮棒；但股票沒有時間限制，想等什麼球就打什麼球，就算不揮棒也不會出局，直到合適的球飛過來，報價也正確，再用力揮棒就對了。

別幻想歷史價位，當下價值才重要

我曾經努力尋找投資絕招、股票祕笈，上過很多股票投資課，仔細研究巴菲特的投資心法，才發現股票跟撲克一樣——沒有絕招，就只是找到好公司，算出它的內在價值。在股價低於價值時買進，然後放長線，當公司的股東，賺配股配息，等待複利效應，讓它替你賺錢。原理很簡單，最難的部分就是執行，多數人有不切實際的幻想。

之前我研究台股，發現傳產股中做窗簾的「億豐」很厲害，財報漂亮、獲利穩健。跟朋友提起這檔股票，當時股價兩百五十元，「你怎麼都挑這種股票，哪裡找的？」他嫌貴沒買。後來這檔股票連著幾天漲停，只愛飆股的他摩拳擦掌地想進場，但我算過合理的進場價格為兩百到兩百二十之間，拜託他不要進場，再等等！朋友不以為然：「可是這檔股票曾經到四百多塊，離歷史高點還很遠耶！」

歷史股價曾經到哪兒，跟這檔股票以後可以到哪兒，沒有任何關係，股票沒有記憶，這是多數人的迷思。和過去沒有關係，要看現在，而且漲跌是不可控的，應該在意的是價值，而不是價格。

另外一個幻想是，不甘心認賠，設定好的停損點拒不出場，執意等待股價回來。

德州撲克在翻牌前，AA是最強的牌，可是一旦進入某些狀況，AA可能變得很弱，這個時候我們就會出場、不打了，這把牌給你吧，你贏了。因為我現在處於劣勢，是不好的，這時候不能捨不得走，必須果斷離開，放棄已經投注的錢。那些錢叫「沉沒成本」，跟你沒有關係了，你應該考慮的是要不要繼續付出成本，不要再管前面投入多少錢——沉沒成本不是成本，那是丟到海裡的錢，不是你的了，不需要心疼。就像進了戲院發現電影很難看，又不甘心不想走，最後你損失的不只是電影票錢，還有兩個小時的時間。

新冠肺炎發生後，巴菲特一度加碼航空股，但不到一個月認賠殺出，虧了十億美元。我覺得他非常厲害，沒有想要拗，發現情勢不對，直接砍掉停損，這是很有紀律的投資。但市場上竟然有人說他不行了，賣在最低點，非常荒謬的說法，很明顯的結果論。

玩過牌的人都知道，玩牌本來就不會把把皆贏，犯錯是再正常不過的事，沒有必要去放大它，**你只需要知道何時放棄。決策對了，波動沒關係、結果沒關係**。而且巴菲特在面對全世界的關注與批評下勇於認錯，這是強者的風範。

當斷則斷，別管輸贏

事後諸葛亮是德州撲克最大的陷阱，它會影響你的判斷，讓你懷疑自己。任何人在做期望值判斷的時候，一定要停在做決定的節點上，後面怎樣變化就都不管。好或不好都不應該回來質疑這個決策，只要決策對了，後續的不好都是波動，跟你沒關係。

我也曾有過賣掉達美航空的股票後，股價又大漲的經驗，但我不會覺得之前的決定有錯，也不會說早知道當初就不賣。因為「千金難買早知道」這種話會讓你處在後悔的心情，下次就會懷疑自己，無法果斷。

過往心智比較不成熟的時候，每賣掉一支股票就會直接把它從檔案裡刪除，不再去追蹤後續走勢，因為如果漲回會讓我的心情賭爛。但現在心智成熟了，它大漲就大漲，一切都無所謂。

相反地，如果當初我死抱著達美航空不放，一心等它漲回，也許你會覺得我在做對的事情，但這是很危險的，因為我可能從此學不會停損，越攤越平，套房越住越深。就像有人逛超市偷東西，第一次走運沒被抓到，因為感覺實在太好了，所以忍不住繼續偷。最好是第一次就被逮到送警局，才不會一錯再錯。

所以我說，德州撲克和股票都是危險的幻術，你需要建立一套評判系統，明確知道什麼時候該買、什麼時候該賣，在目標價位出現前，所有漲跌都是雜音，你就不會因此動搖。比如，我算出富邦金的內在價值六十，我在四十點五時買入，就算它跌到三十五，我也不會覺得這樣是錯的。但一般人的想法是四十點五時買入，跌到三十五就是「錯」，漲到六十就是「對」，然後跟著市場風向走、跟著感覺走。

漲不等於對，跌不等於錯。**一個投資好不好，重點不是結果，也不是過程，而是你當初為何投資的那個「決定」**。因此，我們要把所有精力放在決定的節點，後面怎樣的漲跌都不是問題。

Chapter 3

跳脫我無法的困局

大腦的囚徒

人生就是賭，管好手中的牌

身體和心靈，就像工作一樣，
需要上班和放假日的調節，
自律才能長久，長久才能變成習慣。

你花多少錢喝一罐可樂呢？便利商店賣二十五元，一般餐廳賣五十，大飯店的話大概要兩百元……我在自己家喝可樂，一罐三千塊，不能刷卡，必須現金秒結。如此天價的可樂，不是裡頭添加了金箔，還是什麼昂貴補品，就是一般的可樂；收款人是我老婆，價格也是我定的，這是為了管住自己，清除成功路障的自律心法之一。

打撲克是個腦力活，過程非常燒腦，必須全神貫注，一個錯誤判斷小則損失幾萬，多則一台超跑沒了。因此，不論在牌桌上或是生活中，我都講究紀律，隨時保持最佳身心狀態，是我勝出的關鍵。

我是天生過敏體質，鼻塞、眼睛癢、腸胃不舒服對我來說都是家常便飯。小時候奶奶常拉著我說：「Raymond啊～你怎麼那麼瘦，是不是沒吃肉？」也老是被別人說弱不禁風。自從打撲克後，我開始重視自我健康管理，平時的保養會期望向NBA球星雷霸龍詹姆斯（LeBron James）看齊。

保持最佳身心狀態

十幾年來，除了規律健身、運動，我吃下什麼食物都會仔細觀察身體反應，找出自己的食物地圖。比方說，我只要吃燒烤、喝啤酒，就常會覺得頭變重甚至頭痛，情緒也變得煩躁；太多的澱粉、醣類，造成血糖上升，會讓我注意力不集中，特別想耍廢。

生活中的所有事情都會影響我們，因此要把所有事情導向好影響，包括每天接收的訊息、聽進耳裡的音樂、上網逛的網站，都會影響你的思維和工作效率，打牌時就會完全反應出來。例如每天看商業新聞，做事情更有效率；聽饒舌歌、電音會讓我的情緒變得亢奮又衝動，必須聽古典音樂。有時候我會聽王傑、張信哲的歌，但總是被老婆笑，說我有老靈魂，我聽的歌比她爸爸聽的還要老。

我在美國求學時養成了喝可樂的習慣，不用我多講，大家都知道含糖飲料不健康，好幾次我下決心要戒掉，但是每次都失敗。於是，我決定利用自己的痛點來管制欲望，那就是錢，罰錢！而且這個數字要大，不能記帳，當場現金結清，才有感。只要我沒克制好，喝了可樂就必須繳交罰金三千塊，為了一罐可樂付出這樣的金額，處罰感很強吧！有時候老婆還會刻意慫恿，但越是這樣，我就越不能喝。

根據心理學研究，人類的行為會因為獎賞而重複，因為處罰而改變。就像小孩子做錯事被處罰，下次就不敢了。如果還敢再犯，那就是罰得不夠重，必須用會痛的方式管住自己，例如：亂丟衣服罰一千、喝可樂罰三千。如果還是改不掉，就把金額往上加。

有研究顯示，想要養成一個習慣，只要熬過前期的二十一天，這個習慣持續下來的機會將非常高。所以可以訂這個時間為週期做一個考核。

給欲望一個假期

人腦不像電腦可以說關機就關機，說不就不，只靠處罰，其實是不夠的。必須軟硬兼施，適度給壞習慣假期，讓情緒釋放，讓它有出口。每週五的晚上就是我的欲望假期，我會和弟弟一起玩《NBA 2K》電玩，想打多就就多久，可以再一把、再一把地打下去；吃所有平常不能吃的食物，可樂、漢堡、鹽酥雞，沒限制。總而言之，就是做你想做的事，不去在乎對錯，但是每個星期僅此一晚。

就像工作一樣，身體和心靈需要上班和放假日的調節，自律才能長久，變成習慣。減肥也是如此，節制飲食六天，第七天 cheat day，隨便吃，才堅持得住；自我約束還是要留個寬限期存在，你才會覺得自己是個人，後續才會更有動力執行計畫。這和想要完全地去澱粉、去醣，最後卻 hold 不住的道理是一樣的。給欲望假期，才能和欲望和平共處，成為夥伴。牌桌上就算輸了，也不會有再賭一把的心態。

搞清楚想要還是需要

前些日子，我又開始回到一天只吃一餐的生活，這次還把飲食時間控制在四小時以內。原因是我的腰圍竟然增加了四公分，雖然上半身肌肉也變得更大，但是超出指標就是要修正。這個方法是目前好萊塢明星最愛使用的間歇性斷食，對我來說效果非常好。

現在，當我有肚子餓的感覺時，我會想是身體真的需要，還是身體正在引誘我去囤積脂肪。當我釐清這件事情後，對食物有了全新看法，所以我可以說不吃就不吃，飢餓感來了就喝水、喝麥茶，補充沒熱量、沒糖、沒咖啡因的食物。

人體是害怕死亡的，任何時候都會告訴大腦，補充食物囤積脂肪以預防萬一。大腦用血糖控制食慾，看到食物，就會讓你有飢餓感，這個祕密是我在旅行時候發現的。某次出國旅行前，我已經持續六個月每天只吃一餐的日子，身體各項指標都正常，很明顯我的身體根本不需要那麼多食物。但旅行時明明已經吃了豐盛的三餐，一早起來竟然還會覺得餓，明明我之前斷食時只吃晚餐而已，早上起來根本不會餓。當下我就意識到「餓」這件事其實是荷爾蒙在主導。

為了確實達成目標，吃完飯直接刷牙，用牙線、牙間刷，搭配漱口水，再用APP記錄，因為這一連串的過程太麻煩，也就會阻止我再吃東西的欲望。

這些健康管理、生活約束，對我而言是自然而然，並不覺得特別，但身邊友人卻好奇，為什麼可以這樣自律？說到底是對於清晰明確的目標，有著強烈渴望，為了達成目標，那就必須排除路上所有障礙。

渴望越強烈，越是能自律

我的目標是用「時間」和「金錢」來訂定——三十歲賺一億、四十歲賺十億。我一直告訴自己無路可退，而我也真的沒有後路，我的父親確實事業有成，但他不會留給我啊。從我大學畢業後，他就說：「You are on your own.」所有花費得自己買單。沒在撲克圈成功，我哪來的錢？確實沒退路，我想要的理想生活，不是等到六十歲才要過，而是現在、當下、NOW！

現在回頭看，我很感謝父母的教育方式，早早便斬斷了我想要靠家裡的念頭。因為沒有退路、沒有後援，我只能排除所有障礙，向前看、向錢看。

自律是我能在牌桌上勝出的重點，在每個領域都是。**有了「自律」這項技能，你想要在任何行業向頂峰走，不管眼前有多少個路障，都能**

一一**排除，邁向目標**。

我每天維持規律作息，已經到無聊、無趣的地步——固定時間運動、工作、閱讀、睡覺，不會因為天氣好就不想工作，身體不舒服就不運動。我的生活沒有臨時起意，已經規律到我常常不知道今天星期幾。

人生就如一場牌局，我們無法選擇被發什麼牌，但是能決定手上的牌該如何處理。停止抱怨你的手牌，全力把自己的狀況發揮到極致，Play the cards you are dealt！

打斷鼻子，越挫越勇

恐懼，是來自於未知。
因為不理解眼前，所以擔心；
因為不知道，所以有很多想像，
但不敢挑戰、不敢前進、不敢跨出舒適圈，
只會錯失更多機會。

二〇一九年五月，我到泰國練泰拳，在那裡除了有教練一對一指導，還可以跟不同國家的人、不同級別的人對打，進步幅度很大，所以那是我第三次特地跑到泰國打拳。那一天，跟教練對打得很順利，怎曉得教練一腳踢斷我的鼻梁，當場也踢掉我的心魔。就像有句台語俗諺「拍斷手骨顛倒勇」，我是「拍斷鼻子顛倒勇」，戰勝了這個心魔，我將變得更強大。

我打泰拳已經超過三年了，剛開始是為了健身，維持健壯體魄，擺脫瘦弱形象，同時也紓解壓力。畢竟牌桌上腦力緊繃，五分鐘就是輸贏百萬的高強度壓力，必須定期清空，才能打得久。當然，我也試過其他運動，在台北學散打，但泰拳對我最有吸引力、最具實戰性。而且每次上場，不到十分鐘就可以全身爆汗，感覺時間過得特別快，不像在跑步機跑步讓我感覺度日如年。

不過說實話，剛開始對打時，還是有恐懼感，很擔心被打到臉。只要對手衝上來，我就本能地往後退縮，兩隻手護住頭，什麼都看不見，只有挨打的分兒。被踢斷鼻梁的那次，我已經不是剛入門的初學者，但是面對職業拳手也是只有被電的分兒。被踢斷鼻梁的當下，強烈疼痛襲來，傷口血流如注！教練嚇了一大跳，急忙道歉，館長也趕緊來關切，帶我到水龍頭旁沖洗血水，然後拿了一大包冰塊放我鼻子上說：「沒事！沒事！休息幾天就好了。」

我知道教練不是故意的，做任何運動難免有意外發生。冰敷過程中，許多教練和選手過來關心，還有人指著自己歪掉的鼻子，開玩笑說：「你也想像我一樣嗎？」還有人說：「Welcome to the club！」頓時我好像融入了「選手村」一樣。

在那之後發現……被踢中鼻子好像也沒有想像中糟糕，甚至可以說這次的經驗解除掉我長期以來的恐懼，讓我跨過一個門檻。從此，我敢正面迎向攻擊。

補充一下……回到台北後，還是去醫院照了X光，發現鼻梁部分有骨折並且塌陷，需要手術修復。最終手術順利完成，但過程卻是劇痛無比，比被踢到時痛多了，恢復期還得戴著支撐鼻子的背板三週。但是就算這樣，也沒有澆熄我對於泰拳的熱情，反而迫不及待想再去練習。這可能就是我老媽說的「討皮疼」吧！

恐懼，曾讓我錯失大好機會

人之所以會恐懼，很多時候是來自於未知。因為不理解眼前這件事，所以擔心害怕。因為不知道不了解，所以有了很多想像，內心小劇場越演越烈，變成了恐怖劇，然後更膽怯，不敢挑戰、不敢前進、不敢跨出舒適圈。在牌桌上，我也曾經因為恐懼，錯失大好機會。

二〇〇八年到澳門打撲克，當時有很多高額的現金局，那時候正處於澳門紅利期（新手很多的意思）。但是老闆們都太有錢，想打幾十萬港幣的級別，對於我來說，完全超出負荷。雖然可以賣出股份對沖風險，但是我選擇保守……結果，接下來的幾年內，眼睜睜看著實力比我弱的人，挑戰成功後，直接站上更高級別。回頭看這段歷程，就很後悔當時如果我直接去澳門發展，現在不知道會有多少身家。當然這是事後諸葛亮，但我希望自己日後能克服恐懼，更勇於挑戰。

用運動克服恐懼、戰勝心魔

想像比真實更可怕，大部分的事情都是想起來很恐怖，有時候明明心裡知道沒什麼，偏偏就是踏不出第一步。

所以我強迫自己，從運動中克服恐懼，戰勝心魔，至於做哪些運動呢？跳傘、考潛水證照，我都試過。

我曾夢想成為美國海豹部隊的一員，覺得很酷，也很想潛水到深海一探究竟，但是聽過太多意外事故，也害怕像新聞報導那樣被海流捲走，從此一去不回……因此一直只是想，不敢行動。二〇一八年夏天，終於下決心去挑戰，特地到蘇美島學潛水，參加開放海域潛水員執照考試。兩天課程跟筆試、泳池訓練以及四次海潛，雖然不是什麼高級別的潛水執照，就是通過所有意外處理測試，但對我來說比在牌桌上，吹牛一把五十萬的牌還可怕許多。

比如，模擬面罩掉落的五十公尺盲游，因為我眼睛向來容易過敏，過程中我緊閉雙眼不敢張開，安全感瞬間消失。加上沒有面罩，鼻子暴露在海水裡，一吸氣就被嗆到，一嗆到就慌亂，然後重來。

這個盲游我考了兩次，到第三次才過關。還有最難的一關——模擬氧氣不足，必須用一口氣從海底下十二公尺游到海面。如果上升得太快，肺會膨脹導致潛水夫病；但是也不能憋著，要慢慢地吐氣，比泡泡慢，緩緩地浮出水面。基本上我在接近海面時已經沒氣，感覺整個肺繃到不行，好幾次心裡想：「×的，明天不來了！」回到家後，腦中出現各種可怕的想像，但另一方面又覺得只差最後一天的第二潛就可以畢業了，超級掙扎。後來我問自己，如果放棄了會不會後悔？會！日後一定會後悔，所以就硬著頭皮去了。

特別的是，當我決定面對，內心的恐懼指數也開始往下降，最後變得微乎其微。隔天，下水後，我開始在海底下觀賞四周風景，看到身邊的各類魚種、珊瑚，比網路上的影片、照片都美，在海面下十八公尺看魚，彷彿來到另一個世界。

那四天，我的腦海中一直有兩個聲音，像天使和魔鬼一樣不斷地在拉扯拔河：很可怕、太危險了、不要去、心中有各種的萬一；不試你怎麼知道行不行、再撐一下就過去了……很開心，最後理智戰勝了恐懼，讓我再次踏出舒適圈。這張潛水證照為我開啟了一扇大門，很多世界的潛點在等著我！

其實很多恐懼都是因為不了解，或是了解之後，腦中的惡魔和天使拔河。類似的糾結，每天都在發生。面對未知、不確定時，每個人心裡會有四階段的變化——先是恐懼、害怕；接著自我懷疑、否定，不相信自己辦得到；然後放棄掙扎，去處理和經歷；最後發現根本沒什麼。每一次的恐懼都是這樣四階段的變化，但**只要不斷反覆練習，讓理智戰勝心魔，就會發現沒有什麼事情可以難倒你**。

面對恐懼，它就會消失

面對恐懼，我自己的做法是，先冷靜確認安全性。比方確認資金是夠的，就算輸個幾次也不會痛；潛水前了解設備、水域環境以及意外發生的機率。其實潛水意外跟空難類似，電視上出現的永遠都是悲劇，會有記者想報導安全、沒事的新聞嗎？也因此大家會產生選擇性記憶。開車比搭飛機危險，跑馬拉松比潛水危險，這些你理解過嗎？現在如果我對某件事感到不安，就會去查數據，數字沒有偏見，沒有選擇性記憶，是最公正的資料。在你看到數據的同時，恐懼或許也就消失了！

我第一次跳傘是在夏威夷歐胡島的北海岸。原本已經做好預約，但是前一天晚上才聯絡我天氣不穩，是否依舊要照原計畫安排。這時候，我的腦子裡就開始想「是不是老天叫我別去了」？冷靜下來便想著應該就是天氣「波動」，決定還是要去。

隔天早上八點，我自己一個人開車去跳傘，一路上的心情忐忑不安，但是我知道那是自己在嚇自己。到了集合點繳錢後，工作人員帶我到一個非常不起眼的小房間，播放影片給我看。那影片很老舊，看起來就像上個世紀拍的，一個好像賓拉登的人開口第一句就說：「跳傘是一件很危險的事情，有可能導致死亡。」三分鐘的影片結束，工作人員拿了合約過來，感覺好像要我簽生死狀。我快速看了一下內容，沒什麼太特別的。好吧，就上吧！但上了飛機，心情還是無比緊張，外面的晴空萬里跟我似乎沒任何關係。

我們預計從一萬五千英尺的高空跳下，飛機飛到一萬英尺左右，教練們開始幫乘客準備就位。這時候，隔壁一名貌似體重破百、非常強壯，有如美式足球選手的黑人乘客突然說：「教練，我、我可不可以不跳了……」教練回答：「沒關係，如果你不想跳，我們就原機返回，不勉強，但是錢不能退。」然後又補上一句：「我們不會強迫你做不想做的事，但是我必須跟你說件事——現在跟我跳下去，數據上來說比你坐飛機回到地面安全。」

黑人大哥先是有點錯愕，不到十五秒的時間就捂著臉說：「好吧好吧～我跳！」教練們笑了起來，頓時化解大家的緊張情緒。現在的我別無選擇，一切都掌握在教練的手裡了。

所有裝備準備就緒，教練把我和他綁在一起後，慢慢地移動到機艙後段，那裡沒有門，直接是一個開放式的小洞，看下去是一片白色雲海……三、二、一！就這樣跳下去了！

第一個感覺就是風怎麼這麼大，但是真的好奇妙，完全沒有雲霄飛車的失速感，整個人好像飄在空中（雖然我的身體是急速下降，但因為高度太高，我完全無法感受自己正在往地面墜落）。而那種全世界的事都不是事，當下享受瞬間的感覺，至今仍難以忘懷。

對了，中間還有個小插曲，在我們跳下差不多四十五秒左右時，突然傳來一陣嗶嗶嗶的聲響，教練很慌張地大喊：「Oh shit! Oh shit! Our parachute doesn't work!」（完蛋了！我們的降落傘故障！）我人還沒反應過來，教練就說：「開玩笑的啦！」這人真壞，哈哈。順利降落地面後，我整個人輕鬆了很多，也很開心逼著自己把這件事完成了，頓時感覺打牌輸人家一把大的，好像也沒什麼好怕的了。

一切只是心魔而已

美國小孩常講「Monster in the closet.」以為衣櫥裡有怪獸，不敢去開衣櫥；打開之後，才發現什麼都沒有，那個怪獸其實就是自己的心魔而已。面對一個可能不好的情況，我們需要評估不好的百分比有多少，然後用相應的心態面對，不要因為害怕而不敢行動，把所有可能擋在外面。

走出舒適圈可能不好受，但是，牙一咬，就過了。設定好安全邊界，不會損失什麼，還有可能站上一個新高度。

輸光了、破產了，就好了！

第九次挫敗破產後，
我開始控制自己，設定安全邊界，
絕對不會為了翻本，不甘心地一把再一把，
慘劇也不再發生。

一直到現在，我都忘不了人生中最慘，也是最後一次的破產。

大學時期，每年都得換房子住，放暑假前我得把家當打包收好退房，把家具送去倉庫寄放。都留學十年了，搬了無數次的家，沒想到這一次卻是清空得如此徹底——那是大三那年的六月，我把所有東西都封箱包裝，就等著搬家公司上門。空蕩蕩的屋子裡，只剩下我和電腦，約了工人早上九點來，但我剛好起得有點早，看一下時間才七點三十。「好，可以打個一小時！」心想不要浪費時間，不如上線打個撲克吧，於是打開電腦，也開啟了我的破產悲劇。

原本是設定賺個兩、三百美金就走人，沒想到水上一百五十（小贏一百五十）的時候開始不順，各種的輸牌。我心想，沒關係，慢慢來……但是不管怎樣就是贏不了。漸漸地，我從贏一百五變成輸一百……好吧，不然今天打到水平（回本）就走，當作是做白工。沒想到這個洞越陷越深，不過一會兒，我已經輸五百了，心情無法平靜，開始有腦充血的感覺，整個人發熱，每一把牌都格外不爽。

一次的失去理智，摔落谷底

喪失理智的同時，我關掉原本打的級別，直接往上戰最高級別。「我就不信這麼衰！」結果你們應該猜得到，就是這麼衰，不到十分鐘，我的帳戶從三萬五千美金變成零。這時候的我已經完全失控，顧不了這麼多，拿出只有五百美金的金融卡，直接刷卡買一千的籌碼（美國金融卡可以提錢到負數，只是會有非常高額的利息跟手續費……害死人）。

不到三分鐘，一千沒了；再刷兩千，又沒了；想再刷兩千，卡片被凍結了……這時候門鈴剛好響了，我頓時清醒過來，硬著頭皮裝沒事地去開門。我現在完全想不起那天的搬家過程，只記得自己站在一旁，看著家具一件件被搬走，心也一點一點地被慢慢掏空。

工人走了，我什麼都沒了，雖然還沒完全回神，但是我知道悲劇再次上演，這是我第九次破產。我不知道該怎麼辦，決定撥電話給媽媽。

台灣應該是凌晨一點，電話接通後，我的第一句話就是「媽，我病了！」我媽媽相對鎮定地問我：「什麼病？」我說：「心理病，我賭博上癮了，輸了所有的錢，銀行負債三千美金。」說完便痛哭失聲……

本以為媽媽會抓狂地罵人，但是她只回答：「好，這個錢我幫你還，但是你要答應我，不可以再碰賭，好嗎？」沒被罵就不錯了，當然不管三七二十一立刻接受（但我現在還是繼續在打牌，只能跟媽媽說歹勢啦！）

隨後，媽媽要我用平常只能用來支付學校相關費用的附卡，去買點吃的、洗把臉，先搭隔天的飛機回台灣再說。

我還真的去洗了把臉，出門買了碗咖哩飯吃。但後續什麼也不記得了，只記得當晚整個人躲在衣帽間裡，蒙著一條毛巾，沒有任何朋友，就連我的「好友」德州撲克也不理我了。看著空蕩蕩的家裡，那時候我的心情低落到谷底，告訴自己，記住這個痛，以後不管任何原因，絕對不能再有這種感覺。那種心寒，直到現在，我偶爾還是會夢到當晚的情景。

那個暑假，我沒再碰德州撲克，一次都沒碰，覺得自己不行了。回到台灣後，既然不打牌，就得找其他方法賺錢。我什麼都不會，便想說從股票下手吧，馬上去書店買了十多本K線、技術分析的相關書籍，回家熬夜苦讀，差不多花了五天的時間全部看完。

之後某天到媽媽的公司，對她說的第一句話就是：「幫我買三張奇美電！」現在回想，不知道是我比較瘋還是媽媽比較瘋，她居然真的買了，還獨立一個帳戶讓我用。那個夏天，我就每天去她的辦公室盯大盤，收盤後就玩踩地雷，踩到媽媽下班。暑假結束後，股票獲利居然是小水上（小賺，純粹運氣好），踩地雷居然也就這樣踩平了世界紀錄……

這一次我被教訓得很徹底，也沒有想要再回牌桌。但是我的死黨王奕超整個暑假都在打德撲，成績也很不錯。他也很義氣地挺我說：「你如果要重新開始，我贊助你啟動金一百美元。」我很感激但沒有接受，因為已經答應媽媽不再賭了。

直到有一天，我在餐廳遇到一位之前常在賭場碰到的爺爺，他問我最近怎麼都沒見到我了（之前我每個週末都會去一天），我回答他：「我破產了，我不是這塊料。」沒想到他跟我說：「Raymond，我打牌三十多年了，也曾跟許多世界冠軍交手，我在你身上看到了他們的影子。如果你能控制你的心魔，相信你一定會非常優秀。加油！我對你有信心！」

我傻了，從沒想到自己可以得到如此的評價……當晚我決定給自己最後一次機會（Sorry, mom!）。隔天，我去理髮店剃了個大光頭，告訴自己，這是最後一次，請認真對待！

輸得徹底也有意義

從此，我開始控制自己，設定安全邊界，每次輸到點，立刻收手，少輸為贏，絕對不會為了翻本，不甘心地一把再一把，破產慘劇從此不再發生。

學生常問我，如何控制賭性，我都會說：「輸光就好了，破產就沒事了！」因為只有這樣，才能覺悟；你會明白再一把是沒意義的，就算再多打一小時也沒意義，也打不回來。因為當你急著拚一把，把輸的全部贏回來時，你不會照著正常策略走，會把原本不該拚的牌全部拿去拚。經驗告訴我，這種狀況只會輸更多而已。

根據心理學的研究，當你做一件事情得到好結果，就會重複同樣的行為，如果被處罰就會停止。尤其是不斷地被懲罰，教訓得夠慘、夠痛，大腦就會強化行為和情緒的連結，行動限制越大，直到你受不了，開始改變為止。

曾有個實驗——猴子只要拿起房間裡的香蕉吃，就會被電擊，幾次之後，牠再也不敢碰房間裡的香蕉。日常生活中，這種現象更是普遍，例如晚餐後喝了杯咖啡，當晚就失眠，第二天的工作狀況不好。這樣的情況下，隔天晚上，你還會再喝咖啡嗎？在夜市買十元雞排，吃了隔天拉肚子，你可能以為是單一事件，下次又買來吃。結果，被細菌感染引發敗血症，差點沒命，我想你永遠不會再去吃十元雞排。

我破產過九次，最後一次痛到最深處，因為實在承受不了了，才會發狠改。很多勵志書都寫得太天馬行空、太廢話，沒有輸過的經驗根本無法體會那種感覺，輸得不夠徹底根本無法明白這個道理。如今，破產的痛在我大腦長期記憶的區塊留下永恆烙印，每當手賤的時候，意識只要稍微靠近這個區塊，我會馬上停止自己的行為。也因為如此，我會告訴我的學生，破產不是壞事，如果你就此GG，至少你知道自己不是這塊料；但是只要能爬起來，它反而會是最美的過程。

管住心底的賭鬼

我心裡曾有個任性、愛賭的魔鬼，
以前常常在牌桌上發瘋、輸錢，
現在他偶爾還會出現，但是再也傷不了我。

我心裡曾經住著一隻惡魔，他很情緒化、很衝動，也很貪婪，一個不爽就不按牌理出牌，不計後果做任何想做的事。他非常任性、愛賭，以前常常出來搗亂，讓我變成賭鬼Raymond，在牌桌上發瘋、輸錢、破產；現在他偶爾還會出現，但是再也傷不了我。

我自認是個賭性堅強的人，以前玩任何遊戲，只要輸了一定會拗到底，不贏回來絕不收手。有時候確實是贏回來了，但是很多時候，那一天就是我的破產日。

剛去澳門的時候，禁不住朋友的誘惑，跟著玩百家樂賭桌遊戲。只要是輸，我就追，追到很多次大輸幾十萬甚至上百萬港幣。後來規定自己就算要玩，也只能一注一千港幣，但沒用！一千港幣輸個幾次就「上頭」，馬上翻好幾倍下注，結果就跟以前一樣。於是我決定再也不碰這個遊戲，至今已經超過八年。

剛開始我會要求自己不要有情緒，但這是不可能的，**人就是會有情緒**，尤其打牌的時候壓力山大，焦躁、憤怒、忌妒、憂慮、懊惱……怎樣的情緒都有，根本不可能完全清除。**只能尋找「排氣孔」跟它共處，不讓情緒影響表現**。

找出排氣孔，減壓洩「氣」

我有兩種排氣孔，一種是透過運動讓情緒洩洪，我打泰拳、練散打、學巴西柔術。從每一次出拳、攻擊、防守的搏鬥過程，宣洩壓力和情緒。有時候還把厭惡的對手照片，貼在拳擊袋上瘋狂猛揍，哈哈。

另一種排氣孔則是從心做起。因為母親的宗教信仰，我非常認同佛教智慧，曾經閱讀古代經典《心經》，發現情緒的路徑：

是諸法空相，不生不滅，不垢不淨，不增不減，
是故空中無色，無受想行識，無眼耳鼻舌身意，無色身香味觸法……

原來，所謂的「運氣」，都是自己想出來的。數學裡也沒有運氣這種事，只有「機率」。就像丟銅板賭輸贏，每一次出現正面反面的機率都一樣，每一次都是獨立的，銅板不會記得自己上一次是正面還是反面。而我們常講的運氣，是連續性，因為個人的得失心而生，其實運氣根本不存在，你也無法主宰。

如果把統計、數學個人化，就有運氣這件事。如果把自己當成宇宙中小小的一個分子，就會明白牌桌上都是機率，沒有被誰掌握，也沒有誰比較衰，沒有誰運氣比較好，更沒有前世今生（有時候確實會在對上某對手時一直輸，忍不住懷疑自己到底上輩子對他做了什麼……）。每一局都是新的開始，只有把自己當成受害者的人，才會覺得有所謂「運氣」這件事。

另外，我也開始覺察情緒怎麼出現，身體產生什麼反應。說也奇怪，以前我的情緒一起來，會像烏雲一樣越長越大，然後爆炸、衝動行事。但開始覺察情緒之後，它不會長大，我在牌桌上不會暴走，頂多私下罵兩句，問候它一下，然後讓它左進右出。曾經一直試圖把情緒杜絕在門外，後來才知道它是必須流過你的，而你可以選擇讓它停留多久。

牌桌輸贏即時，情緒失控立刻輸錢

還有一個不得不正視的現實，牌桌上所有的獎賞懲罰都是當下、即時的，只要情緒控制不好，做了不該做的事，不是過兩天才被懲罰，而是馬上輸錢。經過幾千次之後，你的大腦一定會產生一些化學變化。

這完全驗證了「刺激反應心理學」（Stimulus-Response Psychology）所講的，立即的獎賞和懲罰，對於行為改變的效果最大。平常我們做的事，後果多半不會立刻出現。例如你對主管出言不遜，對方只是記恨在心，不會馬上修理你，你便以為沒事，每天繼續罵，一直到被開除，才受到懲罰。如果你每回罵上司就立刻被開除，在被開除幾百次之後，你還敢罵嗎？吃個麥當勞不會馬上變胖吧？但如果吃個黑牛漢堡後隔天馬上重一公斤，我看麥當勞可能過沒多久就倒閉了。

德州撲克說到底其實是個數學遊戲，而我的學生裡曾有好幾個數學非常厲害的人，台大物理系、輔大數學碩士，甚至還有個心算世界紀錄保持人——他來面試時，我心想來考考他，就隨口說了一串數字78495.3374×68492.387，沒想到他居然可以在我計算機還沒按完前一字不差地給我答案，而且每次都對。當下我簡直傻了！他告訴我，數字在他腦海裡就像是一堆拼圖碎片，組起來就好了。到現在我都不明白這是什麼境界。我想說，穩了，這人打牌一定強到爆！因為所有牌型他可以一秒算出期望值。但奇怪的是，這名心算天才跟其他數學厲害的學生，反而沒法在德州撲克圈站穩腳步。

雖然德州撲克是數學遊戲，但你不是數學電腦，你是個人。知道策略A跟執行策略A是兩回事。我發現他們在牌桌下都可以講得非常好，但是一上桌或是一碰到時間壓力、情緒壓力，這些人的策略執行就開始變形。控制住內心的魔鬼，讓它趨近於跟電腦類似的情緒，是德州撲克最關鍵的技術。畢竟丟出籌碼的，不是你腦裡的天使便是惡魔，你希望是誰來完成呢？

怪別人，你就輸了

如果只是埋怨現狀、埋怨運氣，
都不可能達標，
必須跳脫現在的框架，才能找到解方。
繼續哭爸，只會越哭越窮。

很多人抱怨薪水太低，成天罵老闆、罵政府、罵大環境，這類抒發不滿的哭爸文，只要放上社群平台，按讚的人特別多，甚至連KOL都跳出來聲援。如果你也在這樣的同溫層裡，很可能即將踩進貧窮深淵，進入難以翻身的負面循環，因為心智能量放錯地方，永遠找不到解方。

我也曾經面臨類似問題。根據之前設定的目標：四十歲賺到十億、五十歲賺到一百億，我很清楚光是靠打牌，絕對不可能達標。因為現在已經進入了最大的局，就算世界上有更大的牌局，我也進不去；而且線上牌局存在很大風險，怕有人作弊、輸了跑帳不付錢、策略錯誤賠錢等等。說到底，打牌是用時間換金錢，只是換得比較多而已，它無法倍數成長。

《富爸爸，窮爸爸》的作者羅勃特．T．清崎曾提出現金流ESBI財富四象限——E：Employee員工，領薪水，為別人工作；S：Self-employed自僱者，自己當自己的老闆，為自己工作，做一天得到一天收入；B：Business owner 企業老闆，員工為你工作；I：Investor 投資者，錢為你工作。

最最理想的收入來源是開公司當老闆、讓別人替你工作或是當投資人，讓錢替你賺錢，才有可能達到百億目標。雖然創業的風險很大，剛開始必須用時間換錢，等商業模式成功，後面就有人幫你賺錢了——也就是I（投資者）的股票、債券、加密貨幣在資本市場錢滾錢。

哭窮只會越來越窮

低薪上班族困在第一個象限走不出來，我則陷在第二個象限出不來。這個時候就算二十四小時工作或再找一份工作都是錯的，我們必須跳脫這個遊戲框框，跳進其他象限，才可能達到夢想中的生活。

我的做法是重新檢視目標。我自己定義的 Rich 是擁有很多正現金流資產，Wealth 則是有錢又有閒，這才是我更想追求的。如果五十歲的生活狀態可以達到有錢又有閒，輕鬆過日子，財富累積沒達標我也能接受。但假設必須一直像現在這樣拚命工作，到五十歲才賺到一百億，我也不滿意，這不是我要的。

早期認為有錢就會快樂，一直追逐著數字。現在追到半路才發現，原來我追求的是自由，那種不必為錢妥協的自由。隨心所欲地想幾點起床就幾點起床，想去哪裡吃飯去哪裡吃，不想工作就直接休息一個月的「真」自由。

我有個高中同學，從高中到大學都是資優生，以賓州大學商學院TOP1 成績畢業後，進入投顧銀行做分析師，年薪突破兩千萬。但是之前跟他聊天，他說自己每天工時幾乎十六小時，假日也是在加班，完全沒有時間花錢。相反地，我在蘇美島認識一個做亞馬遜代銷的二十五歲加拿大人，年收入差不多六百萬，他的工作內容是早上去潛水或打泰拳，中午吃完飯後睡個覺，下午到傍晚在 coworking space 打工兩小時，晚餐後到海邊小鎮跟好友們喝啤酒，住在一間面海的別墅。你說，這兩人誰才是真的富有？

第二個變有錢的方法——找出解決方案，設法讓收入結構往B（企業老闆）和I（投資者）的象限移動。但是企業經營對我來說學習曲線太長，並不合適，當投資人更合適。但是投資的效益要大，第一個關鍵就是時間，時間越久，複利效果越強。

十年前開始，我只要有閒錢，就投下去，從五萬、十萬開始，一次次進場錢滾錢。隔行如隔山，要投入資本市場，事前事後都得做足功課，各種股票書（基本面、技術面）全買，各種老師的課（台灣人、日本人、以色列人、中國人、美國人，線上線下的、言之有物的、胡說八道的、各種流派的、從幾千元到十幾萬的課）通通去學去上，充分吸收內化成自己的心法才能進場。至於轉到B（企業老闆）這件事，我也曾經試過，但因為隔行如隔山，加上又斜槓、沾醬油，沒專注投入，最後是失敗收場。未來如果還想往這條路走，一定要先學經營管理才行。

如果我只是埋怨現狀，哭爸運氣不好、局太小或是只想在牌桌上拚到死，都不可能達標。而是檢視收入結構之後，必須跳脫現在的框架，才能找到解方。繼續哭爸，只會越哭越窮。

狡猾大腦，怪罪別人掩蓋問題

大腦是個喜歡偷懶的狡猾傢伙，人性更是好逸惡勞，有問題產生時，往別人身上推最容易，撇清責任就沒事。例如薪水很低，都是政府的問題、老闆的問題、大環境的問題，一句話就能推得一乾二淨。但如果問題出在自己身上，就需要很長的時間，花好幾個星期做功課，甚至得更久才可能有答案。所以一般人都不願意面對自己的缺點，把所有心力執著在抱怨外環境，加上還有同溫層按讚聲援，你更會覺得自己沒有錯，進入超級惡性循環。

以前我很相信風水，打牌打得不順，就會怪對手怪運氣，心想一定是上輩子做了什麼，才會每次對上對方就輸錢，於是在家裡擺發財樹、水晶洞，戴鈦晶手環，就連桌子方位都講究。就像酒店小姐生意不好，業績沒法達標，就會跑去拜拜是一樣的道理。這種改運改風水的心態，就是認定問題都是外來的，自己本身毫無問題。

那時候，任何可以增加財氣招財運的東西，我都當成必要投資，把所有能量都放在改運上，但還是繼續輸，照樣輸。一年之後回頭看，重新檢視才發現那段下風期，很明顯就是自己打錯。如果當時把時間花在自我檢討上，找出問題，尋找教練指導，我是不是就能更快走出低潮？經過這段時間後，我就再也不相信求好運這件事，家裡再也沒有這些東西。日後只要什麼事情不順，第一個檢討的對象就是「自己」。

當然運氣還是有的，輸錢難免，有時候也會覺得自己很衰。但我知道這只是過程，不會怪它。**遊戲，總是有輸有贏，人生也是如此，各種變化球投向你，無法預測。**

覺得自己最衰，你就死定了

撲克圈有一句話：「當你覺得自己最衰、最倒楣時，你就死定了。」一旦有了這個想法，就會開始怪罪運氣、怪別人，但明明打牌的是你，怎麼會跟別人有關，那是你自己的問題啊。

因為只要認為是別人的問題，今天是他害的、明天是那個人的錯，你都沒有問題，你就不會進步。怪罪別人的同時，也撇清了自己對這件事的責任，覺得「這件事跟我無關」、「都是別人害的」……這些在德州撲克的世界裡，尤其是最大陷阱。

牌桌上的訓練，教會我必須默認所有事情都是自己的問題。但我會區別什麼是可控的，什麼是不可控的，聚焦在可控的事情上，至於不可控的部分絕對不自責。比方旅行遇上大雨，這是不可控制的，如果還為此哭爸，那就是浪費精神，壞了好心情。你有辦法控制天氣不要下雨嗎？你唯一能控制的只有先看好氣象預報，決定出遊日期。

曾有一張圖片讓我看了特別有感——有個人拿著開口扳手，打算拔起拴緊的螺絲，你覺得可能嗎？不管他多用力，都辦不到，因為用錯工具，永遠無法解決問題。**人類很渺小，只是宇宙中的一小分子，把時間用在怪別人、怪上天，會讓你停止進步。別再浪費時間在沒有答案的事上，哭爸只能發洩情緒，不會哭出財富。**

我的輸，都是贏

撲克圈有句話：

「如果你自認是全世界最衰的人，那你輸定了。」

覺得自己最背，就表示你不認為自己有問題，

一切都是運氣拖累。

然後就會一錯再錯，直到破產為止。

有關「賭」這件事，有贏必然會有輸，在我至今十五年的牌桌生涯裡，如何跟「輸」做朋友儼然就是一門技術。在傳統的東方社會，「輸」這個字意味著負面結果，但是對於職業撲克選手來說，「輸」是個必經過程，它不代表結果，它只是另一個紅綠燈而已。過去的我會因為輸而影響心情，把負面情緒跟結屎臉帶回家。但久而久之，我發現這樣不僅害了自己也害了家人，必須訓練自己看淡輸贏。

一開始當然是非常困難，但是我會問自己幾個關鍵問題：

①自己打得很差嗎？

②輸掉這些錢會改變我的生活嗎？

③家人還是愛我嗎？

在腦子裡掃過一遍以上問題，基本上就能看淡許多。

前幾天一個牌局的關鍵時刻，我本來有百分之八十的勝算，正好老婆聚餐回家跑來分享開心事，結果她和我這麼一聊，牌局瞬間逆轉，當場輸掉的錢都可以買部好車。但我當下沒有太大反應，繼續聽老婆講話，一直等到休息時間，才淡定地告訴她剛剛輸掉一把大的，這就是我想要的結果。

輸過才能找到贏的方法

所以我會每天問自己：「你是強者還是弱者？」

答案永遠是——「我要當強者！」

所以我會重新振作，隔天繼續上場打牌，不斷自我提醒，給自己打氣，對輸錢的忍耐度也越來越強。剛開始是幾天就被「輸」給逼瘋一次，後來是幾個星期，最後一次是相隔六個月才崩潰，從此就不再因為

「輸」而崩盤。

撲克圈有一句話：「如果你覺得你是全世界最**衰**的人，那你輸定了。」怎麼說呢？當你覺得自己最背，那就表示你不覺得自己有問題，都是被運氣拖累。這樣的話，你也就不會檢視自己的行為，然後一錯再錯，直到破產為止。

但不瞞你說，每回我進入下風期也常覺得自己有夠**衰**，不過我會告訴自己「一定是我哪裡有不足的地方」。果真，度過下風期後回頭看，幾乎都會發現除了不可控的運氣因素外，絕大多數都是自己有問題，可能打法不對、用錯技巧或是判斷失誤，真的是輸過了才能找到贏的方法。

我學過柔道，剛開始都要練習怎樣被摔，不斷地被摔，摔到後來我超級不爽質問教練為什麼？「被摔，才知道怎樣摔人！」教練當下的回答讓我覺得根本就是騙人的屁話。但練到後來才發現，真的是這樣，透過一次又一次被摔的過程，你才能抓到感覺，知道施力點在哪裡。這跟練拳擊得被挨拳無數次，才能成為高手，在牌桌上輸過、破產過，才能成為真正的玩家是一樣的道理。

就像剛回台灣，我開了間撲克學校，搞沒多久就收掉，賠了幾百萬。創業失敗讓我知道成本控管、獲利模式很重要，發現自己根本不懂經營事業，日後再創業，就不會再掉進同樣的坑。通往成功的路上，也從此少了一條冤枉路，這是失敗的收穫。從這個角度來看失敗，我會挺喜歡它的。對於單次的失敗，已經無動於衷，面不改色，但我比較怕的是連續輸，輸到讓你懷疑人生。

連輸四十五天，輸到崩潰痛哭

幾年前，我曾玩德州撲克的另一種遊戲——奧馬哈。那時候天天輸，連續輸了四十五天，輸到我的自信心被消磨殆盡，懷疑自己再也不會贏。我還記得，當時還是女朋友的老婆正好來家裡，跟她說起連續的失敗，我竟然難過得崩潰痛哭。

那是什麼樣的感覺呢？就像你每天加班到半死，結果還被老闆扣錢，你的心裡會不會很幹？一定超不爽的啊。上班是付出多少工時，就該得到多少回報，明明加班應該可以讓收入增加，但打牌輸錢就像上班要扣錢，加更多的班扣更多的錢，每天被扣錢，打越久輸越多……你真的會懷疑自己上輩子是做了什麼傷天害理的事情，覺得老天對你不公，覺得是不是因為沒跟土地公燒香。各種不爽的情緒，真的只有打牌的人才會懂。

那次，女友安慰我：「慢慢來，休息一陣子，我相信你一定可以的！」在那種情緒跟信心徹底崩盤的情況下，一句「我相信你」有多麼重要是一般人無法想像的。後來不知道過了多久時間，我走出來了，回頭一看，當然運氣差是其中一個因素，但也發現其實策略很有問題。現在我已經可以笑看這段過往，再度面臨相同情境時，我就會提醒自己，現在氣得半死的事，過一段時間或者幾年後，都不會是事。

失敗只是短期波動，輸錢多喝「雞湯」

撲克本身的波動已經很累人了，如果無法保持良好心態，在意志最消沉的時候，負能量會毫不客氣地把所有最噁心的牌都發給你，慢慢腐蝕你。它會躲藏在潛意識裡，讓你在做任何決定時負面思考，越走越偏，陷入負面循環，從此一蹶不振。

也許迷途的惆悵，會扯碎我的腳步，
可我相信未來會給我一雙夢想的翅膀，

雖然失敗的苦痛已讓我遍體鱗傷，可我堅信光明就在遠方……
雖然挫折的創傷已讓我寸步難行，可我堅信光明就在遠方。

——汪峰〈光明〉（詞曲／汪峰）

歌手汪峰的〈光明〉這首歌，是我在連輸四十五天，看不見轉折點時的主題曲，因為這種時候非常需要「喝雞湯」。我還會看名人傳記、成功心法，不停地灌輸正能量到腦子裡。我家客廳有本《成就的時刻》，作者約爾．歐斯汀是正能量大王，我和老婆都是他的鐵粉，看過、聽過他所有的Podcast、影片，讓自己時時充滿希望。

抓漏糾錯，不再踩坑

接下來，就要找出問題。一定要搞清楚，到底是運氣問題還是自己的問題，這兩者之間往往是一線之隔。如果怪罪到運氣上，往後肯定還會在同樣的地方掉坑；找出問題，才不會重蹈覆轍。在德州撲克裡，我們叫做 leak find（抓漏），請教練幫忙找出漏洞，把水龍頭關緊。

根據我輸過千百回的經驗，低潮通常都是自己的問題，但多數人都不願意承認。可以想想，老闆每天罵你，不是他很閒，閒到沒事做每天來譙你，何況公司裡那麼多人，為什麼就只找你麻煩？罵老闆沒有用，找出自己的問題比較實際。

失敗會擊潰一個人，也能造就一個人。通常輸了就不玩的人，不只德州撲克會輸，也會輸在所有地方，這是心態問題。當你非得要某件事情完成時，就會克服困難，找到方法成功。失敗只是過程，不是結局，千萬不要讓負能量將你捲入失敗的輪迴。

現在，當連環輸再次找上門時，我可能會唸它個兩句，但還是感謝它的到來，因為**失敗最終會讓我更強，它不是壞人，是貴人**。

儘管「失敗乃成功之母」是句老套到不行的至理名言，但是深入我心。我如今的撲克成就，就是屢次「革命」（失敗）所堆積起來的。失敗越多，離成功越近！下一次面對挫折時請告訴自己，失敗的累積就像一座高山需要的石頭，來了就努力堆高。攀往頂峰的材料都送到你家門口了，總不能拒收件吧！

Chapter 4

淬鍊 相信自己的信念

敢想，往恐慌區邁進

耐性是人生的基本功

追求卓越，必須付出代價，
就像生米要煮成飯，煮好後還得燜，
撲克、股票、人生，都需要耐性等待。

四年前，我發現一檔潛力股——做伺服器機殼和軌道的「勤誠」。當時股價只有三十幾塊，非常值得入手，但媽媽不相信我的判斷，於是我自己買了十張，也另外送幾張給她，條件是必須聽我的話操作，以此證明我選股精準。

四年來，這家公司持續穩健成長，每年固定配息百分之六～七，但是股價沒有太大變動。新冠肺炎期間，社會大眾的外出受到限制，消費行為被迫轉到線上，全球掀起網路消費熱潮，帶動伺服器需求增加。這家公司獲利創新高，股價瞬間飆升，突破一百，這時候媽媽跟她身邊的朋友才開始進場買。

「拜託，這種時候進來沒有多少肉可以吃了，買進風險很高，會漲多少不知道，再上去也不會有三倍漲幅，只能撿魚骨頭吃而已。」我勸媽媽別衝動，但她們不聽勸，堅持進場。

這種追高殺低的散戶行為，完全不是明智之舉，問題的根本出在耐性。巴菲特說，股票市場是財富重分配中心，錢通常從積極分子流到有耐性的人手中，要以不變應萬變。

德州撲克也是一樣，很多時候需要耐性。一直拿到爛牌，死活拿不到理想牌時，只能一直丟牌，越丟越不爽，尤其打線下，發牌更慢，越等越不耐煩……這時候你會奇幻地覺得，有些牌開始變漂亮，覺得這個牌也不錯，手癢玩一下，然後就輸了。

守緊邊界下好離手

玩撲克需要等待好牌，我們會照著既定策略打牌，比如好牌會出手，爛牌偶爾才出手，有時候滿手爛牌那就不出。別人要是抱怨你的打法、嫌你慢或是討厭你，不用理他，做你該做的事情就好。因為錢是你的，策略也是你的，不該做的事就不要做。

投資股票也是這樣，選出有價值的標的，算出它的價值，設定好買進價位以及停損點，然後去執行。除非過程中價值改變，否則不需要特別理會。例如，我設定在兩百塊以下買進某檔股票，它到兩百零六時，你覺得我會買嗎？不會，不到兩百以下絕不買，兩百零一我也不會買。邊界一定要守緊，它必須是死的，一旦鬆動就會一直退。

牌桌上不按照策略走，會很容易立馬輸錢。這種來得快的現世報，會狠狠地擊垮你。謹守策略的紀律，是厲害撲克玩家的基本條件，偏偏人性很難做到這點。新冠肺炎把郵輪股打趴，之前設定好的買進點一再出現，但我就是不敢進場，後來再次評估價值，確定策略沒錯之後，下好離手。

人性是會動搖的，沒有長期計畫就很容易被自己的心態帶著走。因此必須寫下來，時時提醒自己，有明確的目標，知道它的價值，清楚分辨過程中的雜音，禁得起波折，沉得住氣耐性等待——所以我們必須定下計畫，不輕易改變。

我奉行巴菲特投資原則「價值投資」，買一支股票，不是感覺它會漲，而是想要擁有它，讓這家公司替我賺錢，賺它的配股配息、長期價值，至少持有五年或者更長的時間。曾經有人質疑巴菲特，如果投資心法真的這麼簡單，為什麼賺錢的人很少？他說，因為多數人，不想慢慢變有錢。

大多數人買股票都會覺得需要進進出出、要有動作。其實不用，你就是買它的價值，出現高於價值的時候，再把它賣掉。所以我會花很多時間選股，計算它的價值，設定好進出策略，然後確實執行。至於股價何時會回到價值上，這是市場決定，沒人可以預料，有可能明天、有可能十年後，買下了就耐性等待它。

蘋果（Apple）是我最大的部位，二〇一一年賈伯斯過世，我開始進場，逢跌就買進，從六十幾買到一百多元，最高時逼近五百六十美元。它有非常漂亮的財報跟忠實用戶，是擁有很深護城河的巴菲特概念股。

改變需要時間，速成只會變空心

現在的社會氛圍，什麼都追求快——get rich 要快、瘦身要快、變美也要快，不快就會沒感覺。光是減肥這件事，就有很多人會想靠藥物來加快速度，但有用嗎？減肥的公式其實非常簡單，少吃多動，熱量攝取低於消耗量，再乘上時間，就會有結果。偏偏現在大家都急於減肥又不想努力，想躺在床上滑手機變瘦，自己想想這樣實際嗎？

這件事情我看得很清楚，長時間的變化，需要耐性。曾讀過一個統計，要在特定領域打造一個專家，需要一萬個小時。縮短時間走捷徑，失去品質、失去深度，不會成為卓越人才，可能只是空心專家。

我現在學日文也是一樣的情形，背單字學文法，每天背很多。一開始超沒興趣，想說學文法有屁用，就找速成的學習偏方，買一堆強調快速學習的線上課程。就像為了快速增肌變壯，買各種蛋白粉、營養補充品，全部試過後都沒用，無法真正地加速。因為這些強調短時速效的方法只是輔助品，所有事情都有它的必經過程，沒辦法省略跳過。輔助品可以把一年的時間縮短到九個月，但無法縮短成兩個月、兩星期。

我回想起撲克，它也是沒有捷徑，就是扎實地穩固地基。學語文、健身都需要打好地基，都需要時間。

現在開個德州撲克實戰速成班，讓你月入十萬，這一定超好賣，可是你知道我是進入這行多久才開始賺錢嗎？很久，那是用「年」來計算，不是幾天幾個月就能達成的。期望一堂課八小時就能贏錢嗎？那只是賣個夢想。德州撲克強調扎實，每件事要做到很好都需要下功夫，絕不可能偷食步，是有些辦法可以讓你快一點點，但絕對不會改變需要花時間的事實。

有時候我也不想上日文課，每星期兩小時，還要寫作業。偶爾前一晚跟弟弟打電玩打到很晚，早上趕緊寫，雖然心情超不爽，還是不肯跟老師請假。因為我知道一旦休息，就會打亂整個學習節奏，學日文這件事就會前功盡棄。經過半年時間的累積，我現在對日文很有感覺，已經開始可以組成句子。

追求卓越，就必須付出代價，等待時機成熟開花結果，這是時間、紀律跟耐性的結合。就像生米要煮成飯，需要時間，煮好後還得再燜一下，撲克、股票、人生，都需要耐性等待。

將心比心，為對方多想一點

驕傲是待人處世的禁忌，
贏錢就得意忘形，挑釁輸家，
無疑會起爭執，千萬要避免。

二〇一五年，我跟老東家PokerStars分道揚鑣，加盟大陸的撲克平台。一月時，我首次以客人的身分回到澳門新濠天地的賽場，參加澳門紅龍盃撲克比賽。千人賽局中，我一路挺進，四天賽程，前面兩天都以第一名晉級。最後一天比賽，更是一路領先，打到剩下十七人時還是全場籌碼最多的玩家……怎曉得一個新加坡朋友走來，拍著我的肩膀說：「Hi，Raymond好久不見，最近好嗎？」雖然我知道他並非有心，但是這件事馬上觸怒到我，立刻翻臉叫對方滾蛋，因為他犯了牌桌大忌——拍背！而且他還是圈內人、台灣華僑，理應知道這件事不能做。

這是民俗說法，據說人的所有運氣集中在背上，賽局中拍背，等於把好運拍掉。還有其他很多種的禁忌，例如：牌桌上的籌碼有大有小，換成小籌碼比較方便找錢，但有些人只換大籌碼、不換小籌碼，為的就是不想把好運給換掉。

我總是抱著寧可信其有的心態來看待這些禁忌，但說巧不巧，那天被他這麼一拍，半個小時後，我明明拿了把大牌卻碰到別人拿更大的牌，最後含淚以第十六名出局。從此，我也跟這個拍背的朋友，再無聯絡，哈哈！

這是亞洲撲克玩家的共同忌諱，但老外不講這套，還特別喜歡拍背裝熟展現熱情。為了避免好運被拍掉，我從不會拍任何人的背，在賽局裡遇到老外，也會刻意伸長手打招呼，拉出安全距離。

贏錢走人不上道，奚落輸家太囂張

打牌是「零和遊戲」，一定有輸贏產生，贏錢開心輸錢不爽，這是人之常情。但行走江湖必須顧及輸家感受，有兩件事絕對不能做——贏錢就走，奚落輸家。

贏錢就走最討人厭，因為你沒給人贏回來的機會。通常牌局打到有點累的時候，會問輸的人要打到幾點，由他來決定牌局再打多久結束，比方再兩個小時。就算時間到了，輸家不甘心還想拗，也會再通融個一兩次。反正不管打多久，贏最多的人只能配合，這是禮貌，否則很難再有下一次。

曾經有個朋友去私人局打牌，當天他就給自己設定一個目標，比如「今天贏十萬就好」。牌局九點開始，他可能十一點就贏了十萬，然後就開始變得保守，什麼牌都不出，十二點時就找個藉口離開。這種人，基本上不會接到第二次的邀請。

驕傲是待人處世的禁忌，牌桌上更是如此。偏偏有人不長眼，贏錢太得意，完全沒去顧及輸家的感受。這種人以血氣方剛的大學生居多，可能好不容易贏一把便得意忘形，語帶挑釁地說：「我就贏你怎樣？」、「就知道你沒牌啦！」或是對著隔壁玩家說：「我就知道他沒牌，打這麼大肯定沒料啦，早就知道了！」這些話對輸家來說尤其刺耳，輸錢了還要被人嘲弄羞辱，這樣的行為很容易就會起爭執，千萬要避免。

剛開始打牌時，我也是活在自己的世界裡。我覺得自己打得好，每個決定都做得對，你們輸什麼都不干我的事。但是後來開始會將心比心，當你贏的時候，一定有個人不爽，那就是輸錢的人，顧及對方的感受和面子是一定要的。所以我會特別注意自己贏錢時的態度，就算真的技高一籌，也會說是自己運氣好、剛好猜對之類的客氣話；如果是連續贏就會更低調地說：「不好意思，我今天不知道吃錯什麼藥，運氣這麼旺。」

「觀棋不語真君子」的概念在牌桌上同樣適用。在牌局中絕對不討論牌局，也就是你已經棄牌、出局了，也不可以跟身旁的人討論這場牌局，不能告訴別人自己蓋掉什麼牌，這都會影響戰況，無法公平。至於交戰中，跟坐在斜對面的人聊天也是不禮貌的表現，別人正在交戰，你越線聊天，像話嗎？

德州撲克在國際上是非常正式的運動，也有非常嚴格的規則，它是一個君子遊戲，跟一般大眾所想的地下賭場完全是兩回事。除了遵守規則，牌局中的人情世故也是要非常留意的地方，因為你的對手是人，不是機器，切記。

不憑感覺，用數字做決策

我習慣用ＥＶ衡量生活大小事，
ＥＶ是期望值的英文縮寫，
是所有可能的總和乘上機率，
甚至在生活中也會用它做決定。

從我家到機場大約四十分鐘車程，每回出國只要在飛機起飛前兩個半小時出門，肯定沒問題。但有一次特別衰，途中遇上了嚴重的交通事故，塞車塞到錯過航班……換成是你，下次會不會提早出門？

我不會！我還是起飛前兩個半小時才出門。因為提早出門，對我來講是負EV，也就是負期望值的決定。這不是憑感覺，而是用數學算出來的：

假設在前往機場的路上，遇到事故的機率是百分之二，假設這一趟飛日本，機票不能改期也不能退票，那麼錯過航班的期望值是——

負一萬（機票錢）

×

〇．〇二（遇上事故的機率）

＝

負二百（這個數字代表平均損失）

這表示如果比平常提早一小時出發，確保一定趕得上飛機，那麼這一小時的期望值兩百，我的時間成本肯定比兩百塊值錢。

相反地，如果這張機票是飛紐約的商務艙，沒趕上航班，機票一樣作廢歸零，所以負十四萬乘以〇．〇二等於負兩千八，提早一個小時出門的期望值翻了十四倍，我的一小時值不值兩千八？我還是不會更早出門，因為我的時間成本非常高，遇上事故的機率太低。

是的，我是用ＥＶ衡量生活大小事，作為決策依據，ＥＶ是Expected Value，期望值的英文縮寫。它是所有可能的總和乘上機率，高中數學就學過，但生活中你用期望值做決定嗎？

「數字」說了算

這是德州撲克送給我的最大寶藏——是該下注？還是丟掉？或者過

牌？三種選擇該挑哪一個？如果下注應該下多少？每個決定都指向一個價值，唯有透過EV計算才做出最賺錢的選擇。在這過程中，學會把所有選項量化，用數字計算出期望值，建立正EV的人生習慣。

這個習慣的好處，在於不會讓心態影響決定，確保每個決策的收穫都會大於付出，而且它會讓很多看似合理，感覺是正EV的選擇，算出真相。

就拿我任性的奢侈花費為例，周遭親友都勸我買二手超跑就好，提出的論點聽起來好像很有道理，但又有點不對勁，讓人很猶豫。所以，我就把所有可能發生的狀況：喜歡的車款、新車與二手車價、折舊率、五年後賣出的價位、每年持有成本（包括牌照稅、保養費、停車費、維修費等等），全部做成試算表。結果發現，五年下來，買新車只比中古車多花三十四萬，這還沒算進買到問題車的機率、挑車的時間成本……所以，答案很明顯。對我來講，二手車絕不是最好的選擇，我寧願直接走進展售廳，買一輛新的。

買跑車已經是財務不明智選擇，但至少要在不明智中做最明智的選擇。用數學算清楚，期望值可以用在生活中任何事情。

抉擇時刻，用賽局樹狀圖認清狀況

面對一個決定、一個抉擇時刻點，就像站在分岔路口上，yes or no？good or not good？我會用賽局樹狀圖釐清所有選項，比方：當初花三百萬上一堂課時，我是這樣盤算的——花三百萬可以快速學會技術，短時間成為穩定贏家，如果沒有這位教練，我自己花時間學可能需要兩年還不一定成功。如果教練是真實力，這樣的可能性保守估算百分之三十好了，成功時候的回報率算五倍；如果教練亂教、只教我一點點，不成功的機率悲觀一點算百分之七十，期望值的計算是：

成功：正三百萬×五倍×百分之三十＝正四百五十萬
失敗：負三百萬×百分之七十＝負兩百一十萬

很顯然地，成功的時候，我可以賺入四百五十萬，輸的時候損失兩百一十萬，得到的期望值是正二百四十。講得再白話一點，就是平均每一次投入三百萬去學習，預計可以賺到兩百四十萬，非常值得投資。在我狠花下錢學習後，教練果然有本事，所以當初的投資，早已有數倍的回報。

當然，進行期望值判斷時，如果失敗的損失，對我來講很小很小、不痛不癢，我就會選擇嘗試，做了再說。比如：該不該上收費一千六百元的股票課，就算這老師沒料，損失也只有一千六百元而已，只要這堂課有百分之二值得學的內容，就可以放手去做。

讓「概率思維」走進生活

簡單地講，期望值判斷就是把利弊得失量化、數據化。平常我們在分析事情時，只會講優缺點一一列出來，沒想過要用概率或是期望值公式。很多事確實很難量化，個人的感受或感覺就非常主觀，大家都不一樣。但是總得評估後再決定，算算看到底是好還是不好，而不是憑著感覺走，這樣才能減少心態影響，造成誤判。

二〇一八年，我在蘇美島考 PADI 開放水域潛水員證照時，曾記下這樣的心情札記——

拿掉面罩盲游是很不舒服的，那時候就想說算了明天不來了！

當下心理數據：八十緊張二十期待，教練 Stuart 說我的技巧 OK，只是有心理障礙，回到家後我也覺得是這樣……

第三天，心理數據：四十緊張六十期待，因為今天要到世界有名的潛點：Sail Rock……

其中的數字，就是我將心理感受量化的數值，讓我更加清楚自己的心理狀態。我已經養成針對各種想法、狀況，給出一個數值的習慣，不管那件事有多難量化；換句話說，概率思維已經內化成我生活的一部分，這樣才能計算期望值，減少情緒對我的影響。

在給出概率的當下，難免受到預設立場、偏袒心態影響，給期望中選項比較有利的百分比，為了降低這種情形出現，除了收集資料、看評價，我會找值得信賴的人幫忙檢視合理性，還會同時做出相對樂觀和最悲觀可能的判斷。

期望值決策，不能只想錢

但是，不考慮其他因素，只看財務數據來計算期望值，也不是明智的做法。因為選擇過程中所耗費的時間、精力，還可以用在其他地方，這是期望值與機會成本的整合，我們的腦力、時間、精力都是錢，而且是珍貴且限量的。

如果你花了很多時間，只為了省下五百，那絕對是虧損的，因為絕大多數人的時間成本都超過五百。

舉個例子，有些人為了評比哪支手機好，每天花一個小時爬文比價，研究了兩個禮拜才做決定，最後省下一千五。從財務角度來看，正EV、高CP，但仔細再算算，十四個小時以基本時薪計算，打工都可以賺兩千多塊了，這樣值得嗎？

決定任何事情，一定要把時間算進去。如果需要很長的時間評估，沒法在短時間內比較出來，那就別比了。直接選擇好的那個就對了，把精神跟時間花在你拿手的事情上。

從好到最好，關鍵都在細節

輸錢是負面情緒，被奉為上賓的尊榮感是正面情緒。
正面回饋可以抵消輸錢敗陣的負面感受，
對賭客來講，
錢不是重點，被當成大爺才最有吸引力。

到現在，我還一直記得二〇一五年在澳門舉辦的一場牌局，有個讓人猜不透，也讓我覺得慚愧的對手。

二〇一五年十一月在澳門舉辦的 ACOP 亞洲撲克冠軍賽主賽，我跟當時全球排名前三的德國職業選手 Christoph Vogelsang 同桌一整天。由於之前曾在 FOX 體育台轉播 EPT 歐洲撲克巡迴賽見過面，對他非常敬仰，所以主動找他聊天。雖然他話不多，但是給人的感覺非常親切，不過這僅於對話場面，牌桌上的他有如一台德國坦克橫掃所有人，包括我在內。

那天比賽接近尾聲，打了將近十二小時，俄羅斯職業選手 Mikhail Shalamov 在前位，選擇全下，他的籌碼非常少，全部人都棄牌。來到 Christoph，Christoph 籌碼非常多，由於對方少，他這邊稍微不錯的牌就可以上了，但是他卻想了五分鐘，我想他必定是在猶豫什麼很邊緣的弱牌，才會選擇這麼久。結果他一出牌，大家全傻了——Christoph 手持

QJ方塊，完全可以秒跟的牌，為什麼要想那麼久？

由於他這手QJ方塊在這個情況下非常強，完全不需要去思考，因此牌桌上很多人對他是白眼以對。但是我覺得事有蹊蹺，於是趁著休息時間問他這把牌，他說，因為Mikhail全下的時候，說了一句話「好啦！現在跟你們**拚了！**」讓他覺得對方的牌異常地大。他便思考在這樣的假設下有沒有可能丟掉QJ，後來因為賠率實在太好，還是跟注了。

頓時，我感覺被雷劈了一下！在這種所有人都覺得不需要思考的地方，他居然想到這裡，難怪他會是最頂尖的高手！

隱藏在最細微處的致勝關鍵

跟我要價三百萬學費的歐洲教練也是一樣，他每次想牌想超久，後來才知道，他做每一個決定都是一樣時間，不管這把牌難不難，都是十五秒出手，因為這樣對手就猜不出他手上的牌到底是好還是壞，達到一個思考時間的「平衡」。頂尖選手就是這樣，竟然競爭到連出牌的節奏都要算清楚，從好到最好的關鍵，原來都是細節。

從那時候開始，我也仿效他們的精神，研究牌比誰都仔細。幾乎每天都會個別找出一把牌來分析，快則一小時有結論，慢的話可能需要二到三小時才能解析；因為現在要找的東西，都是別人沒看到的角落。

牌桌上還能看到各個民族性的差異，像韓國玩家非常好勝、很凶猛，明知道你有大牌，還是演得他有更大的牌，把你演掉。具有維京人血統的瑞典、芬蘭、挪威玩家，不但數理思考很強，戰鬥性更是世界第一。俄羅斯則是西洋棋的常勝軍，在德州撲克這領域也培養出許多非常優秀頂尖的全能型選手。

義大利、法國、西班牙的打牌風格比較看心情，屬於創意路線，常出奇招，也不在乎輸贏，有時候還能邊喝紅酒邊打牌。日本人照著規矩來，書上沒寫絕對不會做，非常守紀律。台灣玩家則比較貼近日本，也是相對保守。

至於前面說過的中國玩家，賭性堅強，只要有機會就想拚，喜歡以小博大。因為目前玩牌的都是商業人士或與娛樂圈相關，資金雄厚，打牌純粹是樂趣消遣，買牌沒中也無所謂，當然，也是有幾位非常厲害的全能型選手。

截至目前為止，撲克最強的國家就是德國了。在全世界最頂尖的玩家裡幾乎占了一半，他們的特色是出色的數理分析能力，但又能搭配冷靜的臨場表現，堪稱撲克超級電腦。我個人找過的撲克教練，好幾位都是德國人。

當然每個民族都會有例外，以上純屬個人觀察，不代表真實樣貌。

超級服務，讓你輸得心甘情願

賭場為了留住「大鯨魚」（也就是輸很多的客戶），顧客管理也特別周到大方，讓「大鯨魚」輸得心甘情願，不斷地再次光臨，包括專機專車接送、送車送禮送手錶，只要你輸得夠多，任何要求賭場都會設法完成。

即使離開了賭場，VIP還是VIP。逢年過節送禮問候，不管你在哪個城市，都可以找到當地的精品店，買支五十萬名錶送到你家，恭賀生日快樂。至於是要送名牌包還是送車送美女、要不要派專機接送、安排美女管家幫你管理行程，還是代購老婆想要的限量精品，甚至幫你接送小孩，就看你的消費級別而定。你只要每年輸個幾千萬，是他們的業績支柱，就能獲得特殊待遇，想怎樣都可以，各種怪招都有。

賭場抓的是一個重要的消費心理——爽！輸錢是負面情緒，但是被奉為上賓的尊榮感，是正面情緒。正面回饋可以抵消輸錢的負面感受，甚至產生更高效果，錢對賭客來講，根本不是重點，被奉為上賓被當成大爺才最有吸引力。

不過說白了，賭場送你的名錶精品，都是用你輸的錢買的。輸了一百萬，賭場回贈十萬元的禮物給你，他還賺了九十萬，只有讓你輸得心甘情願，才有下次消費的機會。就算你贏錢，賭場也會來恭喜你，雖然你贏錢他就少賺，但只要你再次光臨，他就有賺錢的機會。

這一點我非常認同，牌桌上的拚輸贏也要讓對方輸得甘願，才有下一次。所以有時候贏得比較多，我會拿出一定的比例回饋給牌友，請他們吃好喝好或是送個禮，不會獨享全部獲利，畢竟到我手中的錢，也是從他們口袋裡掏出來的。而且這樣的回饋不能太小氣，我曾經請十八人吃飯，一個晚上就吃掉三十萬台幣。

賭桌江湖的 know-how，不能忽略。重要的是在贏了對方的同時，讓對方也贏了個好心情。如果讓他們輸錢、感覺不爽，那就是你的客服沒有到位了。

走進狼群，永遠往上比

你可以選擇生活圈，決定自己要跟什麼人比。
我刻意把自己放在不如人的環境，
只往上比，
讓自己不斷變強大已是我的日常。

我每天晚上八點開始打牌，一直打到早上四點，最多可以四桌同時進行，八個小時中間沒有休息的時候。每天都是這樣搞，一週頂多有一個晚上的「欲望假期」，找弟弟打ＮＢＡ電玩，吃吃喝喝紓壓……牌局多的時候甚至會連續兩個月都不休假。

有時候真的覺得很累，但在中國朋友的眼中，我卻像個懶鬼，太會過日子了。每次打到清晨四點，跟牌友說下線，因為睡個覺起來，還要趁早上時間運動，對方卻說：「睡什麼覺啊？」

這些人是天天打，醒來就打。他們並不全都是職業選手，另有本業，卻一心想賺錢，覺得沒錢比較可怕。

我有個上海朋友，是個衣食無缺的富二代，父母在上海、廣州都幫他買了房地產，但他的賺錢動機超強烈。他說：「沒錢就死啦，沒錢是能混什麼？這世界有錢就是大哥！賺錢要緊，累啥呢？」

這些年，我是故意把自己放進狼群，訓練自己變強大。這個想法來自於**巴菲特的話——「你日後的財富，會是你最常交流的五個人的平均」**。我身邊有許多朋友都是白手起家的富一代，賺錢欲望比我還要強。我住在台灣，以目前的收入來說，過得很安逸，但是只要出國跟這些人碰面，都會覺得人家都那麼努力了，我必須再加油才行！

讓綿羊進入狼穴，就算羊不能變成狼，但只要不被吃掉那也是很厲害的事。現在，我固定往來的人都是一些菁英（都是狼）。之前我在美國的同學們，大多是上班族、中產階級，不會有生意上的往來。我在生意方面接觸的人，幾乎都是大陸、香港、東南亞的人。記得曾在一個政商牌局裡，聽到牌友們討論未來的經營方向，內容不是「明年我打算再開三百間店」，就是「這個項目需要五千萬人民幣」；在這個環境中，永遠能感受到自己的渺小。

近富者富，近強者強。你可以選擇生活圈，決定自己要跟什麼人比。我刻意不選擇安逸，永遠把自己放在不如人的環境，永遠往上比，不往下比，讓自己不斷變強大已經成為我的日常。

獨處、忍受寂寞，練就強者必備條件

其實我從小到大，最怕的就是「寂寞」，很喜歡出去找朋友聊天打屁，也很愛耍廢、跑趴。後來因為生病，才被逼著要自己獨處，也因為德州撲克，學會耐得住寂寞，練就成為強者必要的條件。

高中畢業剛上大學的時候，我得了「過度換氣症候群」。有一天，跟朋友去吃韓國料理時突然不能呼吸，覺得自己快窒息，上了救護車送急診。之後就很怕再發生同樣的事，很多地方不敢去也不想去，上課時都刻意坐在最靠門口的座位，以免自己又喘不過氣昏倒。有點恐慌症又有點憂鬱症的感覺，不敢跟人去聚會，也不敢耍廢。看著大家開心地喝酒玩樂，我卻什麼事情都不能做，覺得老天對我很不公平。

就像前面說的，這時正好在電視上看到德州撲克，開始對這遊戲感興趣，重新燃起人生希望。我開始把注意力放在德州撲克上，它成為了我最好的朋友，幾乎讓我足不出戶，只是偶爾去上課，期中考去一下而已。每天就點一份披薩分兩餐吃，研究牌跟打牌十二個小時……兩年時間下來，我不但學會了德州撲克的扎實理論，更學會了如何跟自己相處，從此不再害怕孤獨。

走出低潮後，我畢了業回到台灣。此時又恢復以往愛熱鬧的本性，常去夜店狂歡，一個星期可以去個四、五次。但基本上只要前一晚去，隔天就沒法工作。喝太多酒過度熬夜，身體狀況就很差，沒辦法打牌就沒有收入，這些都成為了我賺錢的絆腳石。最後，我開始回絕所有的邀約，原本週末必定泡夜店的我，把自己關在辦公室打牌、研究牌。

當你懂得享受獨處，就可以有很多的可能，但多數人總是害怕自己一個人，覺得這樣很無聊，很喜歡找人聚在一起。我覺得要享受一個人的時候，因為這個時間可以讓你專注在真正重要的事情上面。像我，靜下心來研究一把牌，每日如此，幾個月下來就會有很大的進展。

每當我把自己關起來研究牌時，總想著我的對手此時在做什麼。當我想到他們在狂歡而我在計算時，我會因此格外興奮。

Epilogue

種下夢想的種子

你不需要打撲克，更不需要拷貝我的人生。

但可以從我的經驗找到方法，

為自己種下夢想種子，每天澆灌，有朝一日享受果實。

線上的大局並不是每天都會有，有時候過了一個月，甚至更久都沒有辦法「開工」，遇到這樣的空窗期，除了適當的休息，我還會積極地提升個人能力。研究股票、房地產、區塊鏈、學語言、跟短牌AI對練、看Netflix，過著比較像正常人的生活。

當然這一個月的空檔，我也可以回頭打德州撲克，不管線上線下都會有可觀的收入。但是因為兩個遊戲的思維差很多，現在去玩德州撲克我需要適應期，下個月短牌有局再跳回來又是一個適應期。與其兩邊跑，不如專注於一個，做到最好。

根據多年德州撲克的經驗，應該早就有人開發出短牌的AI，但我到處找到處問都沒有頭緒，直到找到一個有類似相關資訊的澳洲人。在購買一些他的產品後，問他有沒有這樣的AI，當下他果斷地回答我：「沒有。」後續的一個月，我不死心地又追問了三次，最後大概是覺得我很煩才鬆口承認，然後以三萬美元的價格，把全球限量十個的短牌機器人賣給我。

這段牌局空窗期，我天天跟AI對練，研究一些非常針對性的地方，每天設定一種情境、規則後，讓它自己打自己，打到平分秋色，達到最完美狀態。我再從這個最佳策略，思考如何應用在真人對手的牌局上，知道什麼牌可拚、什麼牌不能拚，對方如果做動作A的話，我如何用動作B回應等等。

過去靠的是邏輯、機率、心態，現在靠AI跑出實戰大數據。以前自以為牌技已達八十分的水平，自從有了短牌機器人，才發現自己只有二十分，進步空間還很大，它簡直是短牌的終極祕密武器。

我想兩個月後的我絕對會比現在強上很多，最強的人都是這樣搞的。現在科技如此發達，人類在特定條件下已經無法在撲克上戰勝AI。而當今圈子裡面比的就是誰的AI好、誰對AI的策略研究比較多。雖然研究起來很乏味，但是想到每一個動作都是期望值，我就願意撐下去繼續做。

過去，我也曾在線上沒有局的時候，回頭打線下，到澳門常駐打牌，在永利賭場旁跟朋友租了間公寓，每天十二點起床梳洗便去報名搶位子。那時候的牌局很搶手，要是沒有提早登記，晚上開局的時候一定沒位子。如果剛好有大老闆來玩，一個位子可以喊價到幾十萬台幣。報名卡好位後就回家吃中餐，傍晚接到賭場簡訊就準備二十分鐘內入場。走去賭場只要五分鐘路程，基本上每天打到半夜兩點，雖然賺錢，但是很累，我不喜歡，這是最後的選擇。

回首過往，當年投入德州撲克的金額，從五十美元開始；十五年後，我有車、有房、財務自由，你可能說我運氣好，但我很清楚自己投入多少的努力，不斷學習策略、技巧，運用心理控制約束自己、管理情緒、嚴守財務紀律。從一個愛熱鬧、愛跑趴揮霍享樂的小伙子，變成鮮少社交、享受獨處、追求財富成就的青年，我為它付出了全部，它也給予了我曾經夢想的生活。

我在一個週二下午坐在阿爾卑斯山谷湖邊喝著啤酒的當下，回想起自己過去的努力，似乎一切都非常值得。撲克給我太多，早已超過當時的期望。它也成了我最好的朋友——帶我走出低潮，也讓我擁有財富跟工作自由，雖然有時候會被它修理得很慘，但最終還是會和好。德州撲克虐我千百遍，我待德州撲克如初戀！

別人的人生無法複製，你不用打撲克，也不需要變得跟我一樣。但你可以從我的經驗中，找到方向與方法，為自己種下夢想種子。每天澆灌栽培，有朝一日享受果實，我只是比你早一步行動罷了！

十九歲那年，讀《富爸爸，窮爸爸》只是教我被動收入很重要，並沒有告訴我賺錢的方法。雖然讀完覺得作者的想法非常棒，但是要怎麼實際行動卻毫無頭緒。多年後，才發現我的所有想法都含有這本書的精華，而我現在的成就就是過去所有想法加總的複利效果。思維轉變產生骨牌效應，效益才是最大的。

我試著透過故事、糗事，將過去那段窮學生的荒唐歲月到牌桌上的領悟、財富累積心法、贏家思維寫成文字，這些內容可能無法在現在或明天改變你什麼，但我相信它是一粒種子，已經在你心中播種。

希望這本書的思想可以伴隨著你日後的財務決定。如果你看完這本書，了解贏家思維並且採取行動，恭喜你已經領先同伴十年。從今以後，你將懂得怎麼用期望值去決策，拋去應該、大膽做夢、專注練習，朝你的夢想邁進！

Good Luck！

國家圖書館出版品預行編目資料

致富強心臟：牌桌上的最強心理鍛鍊，掙脫「我無法／我應該／我沒錢」人生困局 / 吳紹綱（Raymond Wu）. -- 初版 . -- 臺北市：三采文化股份有限公司 , 2021.07
面；　公分 . -- (IRICH)
ISBN 978-957-658-557-9(平裝)

1. 成功法 2. 思考 3. 財富

177.2　　　110006389

@封面圖片提供：
LightField Studios / Shutterstock.com

suncolor 三采文化集團

iRICH 28

致富強心臟：牌桌上的最強心理鍛鍊，掙脫「我無法／我應該／我沒錢」人生困局

作者｜吳紹綱（Raymond Wu）　文字採訪｜江明珠
副總編輯｜王曉雯　主編｜黃迺淳
美術主編｜藍秀婷　封面設計｜池婉珊　版型設計｜池婉珊
行銷經理｜張育珊　行銷企劃｜呂秝萓
內頁編排｜徐美玲　校對｜黃薇霓

發行人｜張輝明　總編輯｜曾雅青　發行所｜三采文化股份有限公司
地址｜台北市內湖區瑞光路 513 巷 33 號 8 樓
傳訊｜TEL:8797-1234　FAX:8797-1688　網址｜www.suncolor.com.tw
郵政劃撥｜帳號：14319060　戶名：三采文化股份有限公司
初版發行｜2021 年 7 月 9 日　定價｜NT$360
4 刷｜2021 年 9 月 25 日

suncolor